その時役立つ!

危機管理とコンプライアンスのための実践ハンドブック

危機管理経営アナリスト
金重凱之

方丈社

その時役立つ！

危機管理とコンプライアンスのための実践ハンドブック

はじめに

企業活動は、リスク・危機と隣り合わせの環境にあります。ちょっとした油断や認識不足、勝手な思い込み、利益を優先させる業績至上主義などが、たとえば個人情報（営業秘密）の流出・漏洩、欠陥商品のリコール隠し、安全関連データの改ざん、粉飾決算、インサイダー取引、食品偽装表示、重大死亡事故、セクハラ・パワハラなど思わぬコンプライアンス違反を招いてしまうのです。そのため、企業は大きな損害・損失を抱えることになります。

こうしたコンプライアンス違反は、なぜ起きるのでしょうか。おそらく企業の役職員の方々の中には、日々の過密な業務に追われてコンプライアンスの本質、具体的中身について深く知識を得る機会すら失っているのが現実ではないでしょうか。コンプライアンス違反は、いったん発生すれば、事業の存続が危うくなりかねない深刻な事態となるおそれがあります。ビジネスリーダーとしては、こうしたリスク・危機を発生させないためにどうすればよいかを考える必要があります。

他方、コンプライアンスでは解決のつかない緊急事態も、時として企業を襲ってきます。たとえば地震や台風、集中豪雨などの自然災害、SARS、エボラ出血熱、新型インフルエンザなどの広域感染症（パンデミック）、破壊・妨害目的のDDoS攻撃や標的型メール、ランサムウエア（身代金脅迫ソフト）などによるサイバー攻撃、国際テロなどの緊急対処事態などは、企業がどんなにコンプライアンスを尽くしても、容赦なくやってきます。その損害・損失は甚大で企業の命運をも左右することになりかねません。

こうした災害等緊急事態への対処に関し、「いつ襲ってくるかわからないものに、何をしても無駄だ」とあきらめるわけにはいきません。企業としては、企業の存続をも危うくする災害等緊急事態に対しては、「もし我が社に甚大な損害・損失が発生したら……」と考え対策を講じるのが、あるべき姿ではないでしょうか。ビジネスリーダーとしては、ここでも、こうしたリスク・危機に、どのように対処すればよいのかを考える必要があります。

このように、リスク管理・危機管理は、コンプライアンス関連のリスク・危機と、コンプライアンスでは解決できない災害等緊急事態というリスク・危機の、大きく2つのジャンルで論じることが大切です。一般に一企業ないし企業集団を中心として発生するコンプライアンス違反への対処も、一企業を超え広範囲に甚大な損害・損失をもたらすおそれのある災害等緊急事態への対処も、広い意味でリスク管理・危機管理の問題と捉えることができます。コンプライアンス違反であると否とを問わず、こうした損害・損失は、単純に「正しいことを進めなければいけない」のに、あるいは「甚大な損害・損失の発生を想定して準備しておかなければいけない」のに、さまざまな原因でこれをおろそかにすることにより発生すると考えるべきです。「従業員の勤務規律が乱れている」「教育・研修が思いつきで行われている」「リスク・危機対処の体制が脆弱《ぜいじゃく》だ」「対処マニュアルがない」「事業推進上無理なノルマが課せられる」「企業安全診断を受けていない」などなど改革を望む役職員の声が聞こえます。

リスク・危機は、企業規模の大小を問わず、やってきます。企業と言っても、その創立経緯・沿革、事業規模・範囲、活動空間、主要顧客・取引先の態様などさまざまです。ただ言えることは、リスク・危機の発生により、本来企業が果たすべき社会的責任が果たせなくなり、企業が提供する商品・サービスのブランド価値や企業自体のブランド価値が低下するということです。企業は、リスク・危機の萌芽を事前に見つけ出し、これを摘み取る強靭なコンプライアンス体質や、甚大な損害・損失を最小化するリスク・危機管理体質を持つことこそが基本です。すべての企業が体系的で大規模、重畳的な対策がとれるわけではありませんが、リスク対処・危機対処の取組みの基本はどの企業にも共通するものです。ビジネスリーダーの皆さん方には、それを学んでいただきたいのです。そのためには、リスク・危機を生み出す原因、その背景が何なのかを考えて、これを除去し、企業体質強化のための行動を起こすことが必要です。強靭な企業体質を取り戻せば、万一リスク・危機が発生しても、被害は最小化され、事業正常化までの回復力（レジリエンス）も高くなるでしょう。これこそ企業の目指すところです。

本書は、まず全編を通じて、企業が抱えるリスク・危機の事例を読みやすく、理解しやすくするため、項目ごとに、図解を数多く取り入れ解説しています。

また、ビジネスリーダーが学ぶべき新たな時代の変化を受け、次の内容にも言及しました。例えば、日本版司法取引制度の新設、公益通報者保護制度の保護対象の拡大など企業がコンプライアンスを考える上で重要な制度設計の変化、東京証券取引所が制定した「企業統治指針（コーポレートガバナンス・コード）」を取り巻く企業環境の変化、標的型メールなど深刻さを増す新たなサイバー攻撃への対処、ますます危険性が高まる国際テロ等緊急対処事態への対処など、企業を取り巻く新たなリスク・危機について説明を加えています。

さらに、本書の構成も、より実践的なものとしました。多くのビジネスリーダーは、日常的なさまざまな事業活動、営業活動に没頭する多忙さの中で、突如としてコンプライアンス違反の報告に接し、また、突如として自然災害、サイバー攻撃などの洗礼を受けるのです。事前にやっておこうとは思っていたけれど、リスク・危機発生の未然防止や発生後の損害・損失の最小化にまで頭がついていかなかったからです。リスク管理・危機管理の取り組みに当たっては、このようにリスク・危機発生時の「応急対策」を実施し、そのリスク・危機対処が収束したところで「事後対策」（再発防止対策や将来の損害・損失最小化対策）を検討するという経過をたどるのではないでしょうか。リスク・危機に対処する基本的姿勢としては、リスク・危機発生の未然防止こそが〝最善の策〟、発生したリスク・危機の対処は〝次善の策〟です。しかし、現実には、対応の順番は逆ではないでしょうか。リスク・危機対処の「事前対策」を徹底する一部企業を除いて、ほとんどの企業では、まず「応急対策」に追われ、その収束後「事後対策」に取り組む。そうして、この「事後対策」を行うことが次のリスク・危機への「事前対策」となる。これが現実でしょう。したがって、本書の構成もそのようなものとしました。

本書は、第Ⅰ部で企業がコンプライアンス違反というリスク・危機の発生にどのように対処していくべきか、また第Ⅱ部で企業がコンプライアンスでは解決できない災害等緊急事態というリスク・危機の発生にどのように対処していくべきかについて詳しく解説します。ただ、第Ⅱ部に述べられた災害等緊急事態は、どの１つの事態をとっても大変に重いテーマですが、紙面の都合上、詳細は割愛させていただき、一般論にとどめていることをご容赦ください。

本書を手掛かりに、企業のトップマネジメントの皆様方をはじめ、リスクマネージャーなどの専門職、そして第一線で活躍するビジネスリーダーの皆様方が、リスク管理・危機管理の本質を見抜き、企業の持続的発展に向けて事業活動に邁進されんことを期待します。

2017年2月

危機管理経営アナリスト　**金重　凱之**

目次

2―コンプライアンス違反がもたらす5つの制裁と対処……046

第2章 コンプライアンス違反を再発させないためにやるべきこと

第Ⅱ部 コンプライアンスでは解決できない災害等緊急事態

第3章 災害等緊急事態が発生した時にやるべきこと

第4章　次の災害等緊急事態の被害最小化対策

第Ⅰ部

コンプライアンス関連のリスク・危機

コンプライアンス違反に的確に対処するための中核的要素は、リスク・危機にどのように向き合い対処するかであり、これを戦略的に管理する経営手法を「コンプライアンス経営戦略」と呼ぶことができます。コンプライアンス経営戦略は、営業戦略、市場戦略、財務戦略などと同様に、企業が持続的な発展を遂げるために見落としてはならない最重要経営戦略の１つであり、企業の生命線です。

第1章

コンプライアンス違反が発生した時にやるべきこと

企業にとって、コンプライアンス違反を事前に見抜き、未然防止を図ることができれば、それが〝最善の策〟であることは言うまでもありません。

しかし、不幸にしてリスク・危機（94頁参照）が発生してしまっても〝次善の策〟を的確に講じることができれば、事業を正常化するまでの回復力（レジリアンス）の高い企業として、評価を受け、リスク・危機は最小限にとどめることができます。

他方、この種のリスク・危機への対応措置を軽視し、誤った対応を取れば、信頼を寄せる顧客はもとより、取引企業をはじめ業界からの信頼を失うばかりか、一般社会からはリスク・危機への対処が不十分な企業として指摘を受け、企業自体や商品・サービスのブランド価値が低下し、多くの損害・損失を出すのみならず事業の継続をも危うくする事態となりかねないのです。

1―初動措置

リスク・危機の発生報告に接した上司は、伝えられた第一報を「詳細が判明しない」と無視することなく、また、「コンプライアンス違反が発生したかどうかわからない」と軽く考えず、経営トップへ即報するとともに、時間を置くことなく「対策本部」等の立ち上げ（後述）の検討に着手することが肝要です。

「対策本部」等の設置の必要性が判断されるまでの間も、事案は刻々と広がりを見せるなど、現場の状況は変化します。報告内容に応じ「連絡室」⇩「対策室」⇩「対策本部」を設置するなど、事実関係の掌握に必要な体制（通信手段を含む）を確保することが大切です。

初期段階の判断ミスは、対応の遅れや甘さを指摘され、企業自体の信頼を損ねるとともに風評被害を招きかねないことを、企業のトップから従業員までの全員が自覚することが大切です。

要は、発生現場、現地の状況把握（特に被害の実態と拡大動向）のための手立て、そして事案関係把握に必要な情報収集を指示するなど〝とりあえずの措置〟が必要です。

こうした、〝とりあえずの措置〟は、対策本部設置後における事態収拾策に効果を発揮するのです。

（1） 経営トップの〝筋読み〟

経営トップやビジネスリーダーがコンプライアンス違反か否かの判断にあたって、実行すべきポイントは以下の3つです。

① 〝第一報〟と基本的事項の把握

有事における情報の価値は、タイミングです。いかに貴重な情報が報告されても、タイミングを失しては（初動措置を取るために必要な情報収集の段階を大幅に経過したあとの情報では）価値を持ちません。したがって、〝第一報〟は重要です。まず必要なことは、どのような不正行為または重大ミスであるのかについて、基本的事項を把握することです。すなわち、発生概要（発生日時・場所、被害状況、発生当日の気象など）、担当部署・担当（責任）者、法令違反の種類（想定）などの把握です。このすべてが〝第一報〟で報告されるとは限りません（〝第一報〟は得てして不正確です）が、逐次報告を受けるとともに、調査に当たたっては、その後の原因解明のためにも証拠化を指示するべきです。すなわち、関係メモ、業務報告書、設計図、写真、パソコン上のデジタル情報、録音、契約書、覚書、名刺、会議録などあらゆる資料の証拠化の指示です。

また、大事なことは、時系列的に、発生事案の経緯を把握するとともに発生後の措置についても一覧表化しておくほか、発生後のトラブル、不都合、不具合とその対応措置についても明確に記録しておくことです。報告されたコンプライアンス違反の可能性については、口頭で聞くだけではなく、自らが第一次資料（素材）で確認するべきです。素材に目を通すことで疑問点も涌いてきます。

さらに、報告内容が真実であるとは限らないので、その見極めが重要です。部下が自己防衛のためにウソを報告する場合があり得ます。経営トップやビジネスリーダーは、入手された情報を評価・分析できる能力を持たなければなりません。平素から各方面における信頼できる同僚、部下や社外の専門家などの話が聞けるようにしておくことが大切となります。

なお、事実関係の把握にあたって、経営トップやビジネスリーダーが留意すべき点があります。それは、結果がいかに正しくとも手続上の瑕疵があればコンプライアンス違反になるとの認識を持つ必要があるということです。法令上あるいは社内規程上の手続を無視して、立派な成果が現われた場合、結果良しとする風潮が一部企業に見られますが、これは間違いです。それは、仮に法令遵守はなくても、企業倫理の観点から、社会一般から非難されるような方法で結果を出した場合も同じです。これは、いわゆるプロセス、手続が正しくなければならないと言う〝デュー・プロセス・オブ・ロー〟（適正手続の保障）という考え方です。刑事司法の分野では、厳しく問われる問題ですが、コンプライアンス（法令遵守と企業倫理の確立を意味する。165頁以下を参照）を徹底するとの観点から、企業活動全般に取り入れていかなければならない考え方です。プロセスにおけるコンプライアンス違反の報告を見過ごしてはいけません。

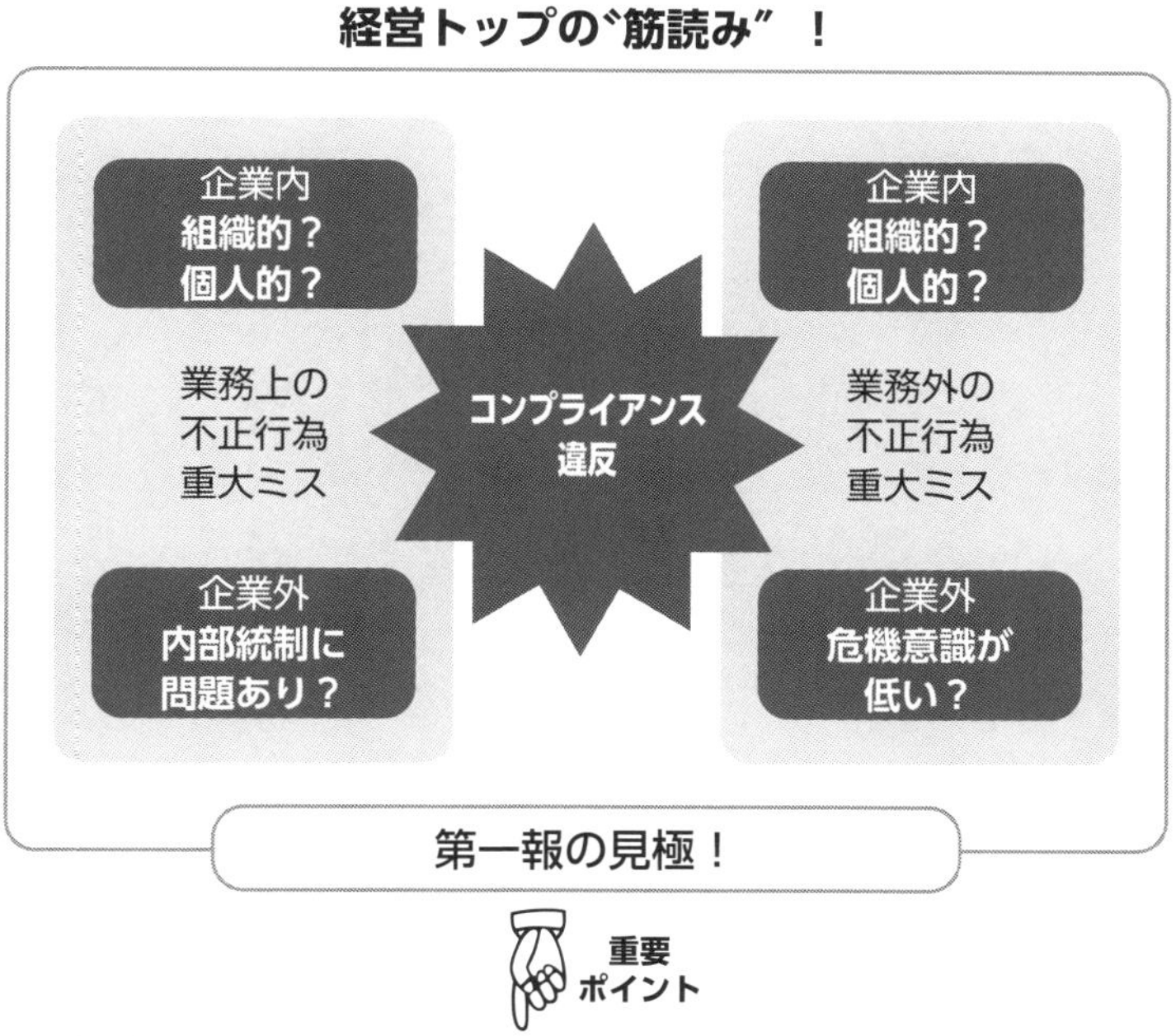

社会からどこまで追及されるか？
企業責任をどの程度強く問われるのか？

その後を考えるために違反の原因把握に力を入れる！

業務上か？業務外か？
組織的か？個人的か？

社会の価値観の変遷で重要度、注目度が変わっていないか？

過去の経験に頼り、事の軽重を即断してはいけない！

②〝筋読み〟のポイント

入手された情報が重要であると判断できる経営トップやビジネスリーダーが存在することで、情報は生きてきます。これが、事案の〝筋読み〟です。ここではコンプライアンス違反の性質と社会的影響度という2点について述べます。

ア　事案の性質

コンプライアンス違反が発生し事実関係が断片的ながらも即報される中で、本事案の性質がどのようなものであるか早急に〝筋読み〟することが最も大切です。この〝筋読み〟がその後の初動措置の取り方に深く関係することになります。すなわち、想定したシナリオに応じた初動措置、重点的な情報収集活動などが実施可能となります。「最悪の事態を想定して最善の措置を取る」のが危機管理の要諦です。

〝筋読み〟に当たっては、次の5つのポイントについての判断が重要です。

○事案は、業務に関連したものか業務外のものかの判断（業務との関連性の有無）
○事案は、不正行為・重大ミスによるものかの判断（違法性の有無）
○事案は、社内（企業集団を含む）の者によるものか社外の者かの判断（直接責任の有無）
○事案は、組織的に行われたものか個人的に行われたものかの判断（組織性の有無）
○事案は、役員が関与したものか従業員によるものかの判断（役員関与の有無）

これらの判断は、結局、企業（自社）が加害者の立場で（加害企業、原因企業として）事案に対処しなければならないのか、被害者（被害企業）の立場で対応しなければならないのかを決定づけることになります。その判断は、逐次、断片的に報告される内容に基づいて行われ、また、こうした判断に基づく〝筋読み〟は判断者の遵法精神、規範意識、倫理観やリスク管理・危機管理ノウハウなどに裏打ちされた全人格的な職業的カンやヒラメキによってもたらされます。

当該企業の事業活動の全体像を把握している経営トップによる判断は、さまざまなリスク・危機対処の経験を持つ専門家（社内のリスクマネージャー、社外の危機管理経営コンサルタントなど）の判断を加え総合的に検討することでより的確なものとなります。

なお、自社が、加害者の立場か被害者の立場か判断がつかない段階においては、とりあえず、加害者の立場で事案対処することが良策でしょう。

イ　事案の社会的影響度

また、事案の社会的影響度の大きさがどのようなものであるかも早急に〝筋読み〟することが大切です。すなわち、被害者の人数や被害程度、予想被害金額の大きさ、事案発生に至るまでの不正行為や重大ミスの存続期間、関与者の人数やその肩書（役員を含むか否か）、発生事案の悪質性（事案の隠ぺい工作が行われていないか否か）、過去の他社（または自社）で発生した類似事案などを調査・分析して、当該発生事案の社会的影響度を判断することになります。

株主（株価への影響）、取引先（商品の供給中断）、消費者（死傷者）などのステークホルダーへの影響を調査・分析することも必要です。さらに、インターネットなどにおける企業評価の分析も大切です。

③　業務の関連性の有無と直接責任の有無

さて、コンプライアンス違反は、大きく分けて、（i）業務上の不正行為や重大ミスを原因とするケースと、（ii）業務外の不正行為や重大ミスを原因とするケースがあります。つまり、発生したコンプライアンス違反については、それが企業の業務にかかわるものか、そうでないのかに分けて、考えていく必要があります。なぜならば、その態様の違いは、企業が「社会（世間）」からどこまで責任を問われるのかとも関連するからです。

また、不正行為や重大ミスが、（i）企業の役職員がコンプライアンス違反を起こしたケースと、（ii）企業外の者から不法行為が行われたケースがあります。つまり、不正行為や重大ミスを起こしたのが企業内の者（企業側が加害者の場合）か、企業外の者（企業側が被害者の場合）かを見ていくことが大切です。

ア　社内関係者による業務上の違反行為

企業内の者によるコンプライアンス違反であっても、それが組織的に行われたものか、個人的な行為かによって、企業への責任の追及の度合、企業が社会から受ける影響の度合も異なってきます。たとえば、粉飾決算、食品偽装表示、贈収賄、談合、管理施設内重大事故などのように組織的に行われたものであれば、それは、典型的な企業のコンプライアンス違反と指摘されるでしょう。

一方、不正行為や重大ミスが個人的に行われたものであれば、一般的に企業自体の責任が問われるおそれは低いと思われます。しかし、すべてがそうしたケースだとも言えません。たとえば、インサイダー取引、個人情報漏洩、利益相反、横領・背任などが取締役、執行役員などの経営陣や上級幹部によって起こされた場合には、企業は、そのコンプライアンス違反によって社会的に厳しく批判されるでしょう。また、それが、一般従業員の場合であっても、企業が実行すべき内部統制システム（後述）が機能していないか、あるいは存在しないためにコンプライアンス違反が発生したのではないかと批判されるでしょう。企業は、「個人の問題であり、会社は関知しない」とは言い切れないのです。

いずれにせよ、企業にとって最悪のシナリオは、業務上、企業の役職員が、組織的に不正行為や重大ミスを起こし、ステークホルダーが多大の損害をこうむり、報道されることにより、企業のガバナンスはもちろん、内部統制システムの甘さが明らかとなり、企業のブランド価値や威信が失墜するケースです。

イ　社内関係者による業務外の違反行為

また、企業の業務とは関係なくコンプライアンス違反が発生することがあります。これも、（ｉ）企業の役職員によって起こされたケースと、（ⅱ）企業外の者によって起こされた場合があり、企業に対する評価が分かれることになります。

たとえば、詐欺、強要行為など、企業の役職員が組織的に起こしたケースでは、「社内教育が徹底していない企業」であり「コンプライアンス意識が浸透していない企業」などと評価されるおそれがあります。

一方、たとえば、交通死亡事故、痴漢、万引、ストーカーなどは、一般的に個人の資質、性癖などの問題であり、企業に法的責任はありませんが、「なぜそうした役員を抱えているのか」とか「なぜそうした従業員を雇用したのか」など企業の見識と社会的責任が問われる場合があります。こうしたことが報道されて社名が公表されることにより、企業自体のブランド価値や企業の提供する商品・サービスのブランド価値を低下させることとなり、個人の行為であっても会社に対する信用失墜行為となり、コンプライアンス違反を起こした者は処分対象となるおそれさえあるのです。

ウ　社外からの業務上の不法行為

社外からの業務上の不法行為として想定される典型的な事例は、悪質クレーマーによる不当要求・威力業務妨害、脅迫・恐喝による不正融資・不法利益供与、インターネット上の誹謗・中傷行為などです。コンプライアンス違反が企業外の者によって行われた場合は企業自体の責任を問われるおそれはないのが通常です。

しかし、「企業側は被害者であって、コンプライアンス違反とは無縁だ」とまでは言い切れないケースもあります。たとえば、企業の内部統制システムが脆弱《ぜいじゃく》で相手に付け入るスキを与えてしまったことが原因で企業が被害者となったケースです。つまり、「企業内にも、外部の者のコンプライアンス違反を誘発する遠因があったのではないか」と言われかねないのです。「うちは被害企業だから問題ない」とばかりは言えない場合もあることを知って、発生したコンプライアンス違反の原因究明に当たるべきです。

エ　社外からの業務外の不法行為

社外からの業務外の不法行為は、たとえば、商品勧誘詐欺の被害、暴行・傷害の被害などです。企業の役職員が企業外の者による不法行為の被害者となったケースは、一般的には単なる不幸な出来事として、企業が関与し難いケースです。

しかし、事案の内容によっては、「危機意識の低い社風がはびこっている企業」と見られるおそれもあります。厳しい見方かもしれませんが、企業としては、そこまで慎重に考えておく必要があります。

(2) 緊急措置

① 関係者の緊急招集

〝筋読み〟の結果、重大事案と判断されたときは、直ちに発生した事案に係る事業の担当者（担当幹部）を招集することはもちろん、リスク管理・危機管理のノウハウを持つリスクマネージャーなど必要人員を多角的に緊急招集します。社外の専門家にも相談できる体制を取ることも大切です。たとえば、危機管理経営コンサルタント、税理士、弁護士、コンピュータ技術者などが考えられます。いずれにせよ個人で〝一人よがり〟の対応をしないで、専門家を含めて組織的に対応すべきです。

担当従業員などへの連絡が取れない場合や、物理的に招集に応じられない場合も想定して、発生した事案の業務に精通した複数の担当者を招集するなど「大きく構えて小さくまとめる」という方針で対処していくのが危機管理の要諦です。

事案の発生が勤務時間帯か勤務時間外（退社後、土日祭日など）かで、招集方法も異なります。緊急時の連絡方法については、出張時や休暇時、重要行事出席中などの連絡方法を含め、あらかじめ決めておくことが大切です。たとえば名刺大の「緊急連絡カード」を部門別に事前作成・配布しておくことが肝要です。

② 事案に応じた対応組織の設置

ア「連絡室」「対策室」「対策本部」

コンプライアンス違反の内容に応じて、対処すべき組織を「連絡室」「対策室」「対策本部」など時間の経過とともに柔軟に変えていく必要があります。事案によっては、直ちに「対策本部」の設置という場合もあります。

また、「連絡室」「対策室」「対策本部」の設置場所は、あらかじめ同一特定の場所を決定しておきます。事案が社内外に公表されていない段階では、秘匿された場所に設置することもあります。あえて社外の会議室、ホテルの一室を利用する場合もあり得ます。

○「連絡室」

＊事実関係が十分に判明していない段階で、まず「連絡室」を設置します。ここでは、一部の専任要員を除いて、関係者は連絡体制、すなわちどこにいても連絡の取れる待機状態の体制ですので、「連絡室」で勤務しているわけではありません。

○「対策室」

＊事案が少しずつ解明され、応急対策が必要となれば、「対策室」を設置します。室長は関係部門の責任者とし、必要な「対策室」要員はあらかじめ決定しておきます。

○「対策本部」

＊事実関係が判明し、本格的な対策が必要であると判断される場合に設置します。「連絡室（対策室）」を格上げして設置する場合も、全社横断的なコンプライアンス委員会などが設置されている企業では、これを切り替えて設置する場合もあります。

＊同本部の責任者（対策本部長）には、役員クラスを置くこととし、「対策本部」の構成メンバーを含めてあらかじめ決定しておきます。発生したコンプライアンス違反の

重大性、緊急性、社会的影響度などを勘案し、全社を挙げて総合的に対策を取っていかなければならない深刻な事態と判断される場合には責任者（対策本部長）を経営トップまたはこれに準じる最高責任者とすることが望まれます。メンバーはあらかじめ決定しておき、「対策本部」の組織編成と任務を明確化しておくことが必要です。

イ 「対策本部」の編成・任務

「対策本部」は、指揮命令の流れや所掌業務について混乱をきたさないために、できる限りフラットでシンプルな組織とします。

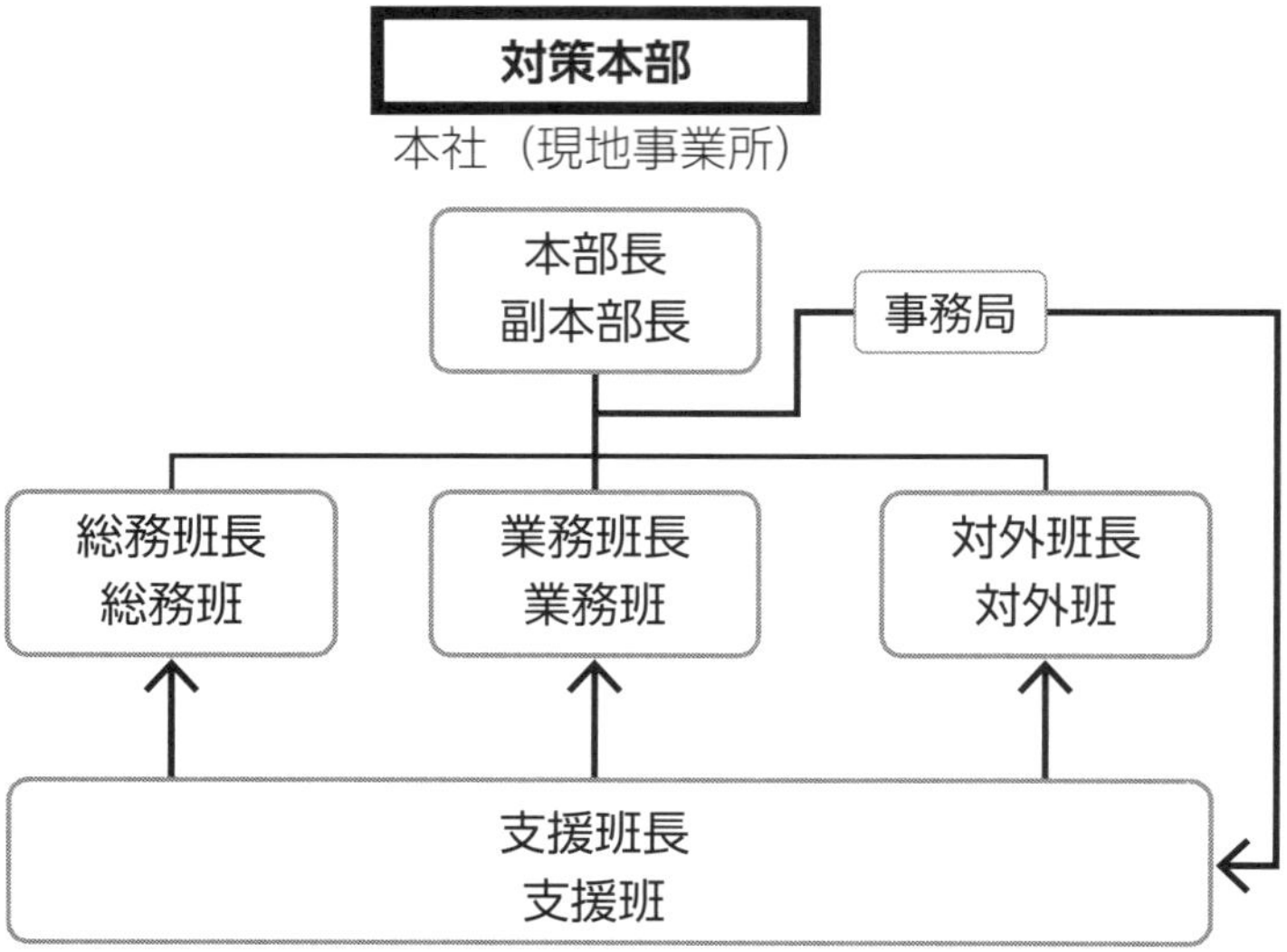

なお、コンプライアンス違反が本社ではなく、支社、事業拠点、製造拠点などの事業所で発生した場合には、現地事業所も、本社に相当する組織を設置するべきでしょう（図参照）。

〈各班の役割事例〉

○**「事務局」**
＊最高方針の決定・伝達、事業の持続性評価、各班への「支援班」要員の配置、対策本部長の指示・命令等の記録管理などを担当。

○**「総務班」**
＊人事、財務、会計、法務上の諸措置、マスコミ対応、ＩＲ活動、備品などの調達、弁護士との連携、損害賠償（訴訟）の想定準備、その他を担当。

○**「業務班」**
＊事実関係・被害状況などの調査、生産活動などの調整、取引先・主要顧客との連絡などを担当。

○**「対外班」**
＊被害者への対応、クレーム処理、ステークホルダー・監督官庁などとの連絡、相談窓

口の設置などを担当。

○「**支援班**」

＊上記事務局および各班へフリーランス要員を投入する支援業務を担当。各班の事務が膨大となった場合の応援要員をストックしておく部門であり、支社、事業拠点、製造拠点などへの派遣要員も含まれる。

③ 資機材の準備

「対策本部」等に必要な備品はあらかじめ整備しておくことが大切です。「対策本部」の設置は、時間との戦いの中で準備されなければなりません。この要請に応えるためにも、平素における備品の整備・点検が必要です。

〈備品例〉

○**情報通信**（パソコン、テレビ、ラジオ、電話およびバッテリーなど）

○**宿泊・食糧**（毛布、寝袋、タオル、歯磨きなどや弁当、飲料水など）

○**医薬品**（風邪薬、胃腸薬、頭痛薬、ばんそうこう、消毒液、目薬など）

○その他の装備品（専用のＦＡＸ、コピー機、カメラ、車両など）

④　報告要領

ア　不要不急の報告の抑制

コンプライアンス違反事案の発生直後の初動対応時には、当該事案に関係のない不要不急の報告については、経営トップやビジネスリーダーに上げることを抑制させ、必要な発生事案の状況や見通しに関する報告が「対策本部」などを通じてただちに上がるシステムを作ることが大切です。

事案の重大性が明らかとなってくれば、その対処に集中するため、経営トップやビジネスリーダーが予定していた公私にわたる行事は当然中止しなければなりません。

イ　報告の一元化と共有化

また、現場の状況や被害の状況、事態の見通しといった報告内容については、関係者が知り得るような措置を取り、事態についての認識を共有することも必要です。

事態の推移によっては、調査委員会を早期設置するとともに、社外の中立的メンバーを加えることも検討する必要があります。こうした措置は、事案の公表を検討する場合にも必要です。いずれにせよ事態の措置に当たっては報告の一元化が必要となります。

（3）対処方針の決定

判明した事実関係に基づいて、ただちに企業としての対処方針を決定します。具体的には、たとえば、以下のような対応が求められます。

○把握された正確な事実関係の迅速な開示
○原因究明と再発防止
○被害者対策を最重点とする
○顧客第一主義で対処
○調査結果に基づく反省・謝罪
○信賞必罰で臨む

決定した対処方針は文書化（スタンスペーパーやポジションペーパーを作成）して関係者間の意思統一の手段とします。こうした文書は、記者会見で配付資料として活用することができます。

また、対処方針の決定の1つとして、本来業務をどうするかという問題があります。コンプライアンス違反への対応は、事案の〝筋読み〟を進めるとともに、本来業務を推進させ、ステークホルダー（利害関係者）の信頼を回復する努力をすることを忘れてはなりません。コンプライアンス違反が発生したとはいえ、事業活動は継続しています。もちろん、その事業推進の内容がコンプライアンス違反にかかわるものか否かにもよりますが、コンプライアンス違反担当者と本来業務の担当者を明確に分離し、コンプライアンス違反の発生が本来業務に与える影響を最小限にしなければなりません。

2―コンプライアンス違反がもたらす5つの制裁と対処

言うまでもなく、私たちは、社会の一員としてルール違反を行った場合には、制裁（さまざまな処罰・処分）を科せられます。同様に、企業も社会的存在として、ルールに違反した場合には、その内容いかんによっては企業自体、およびその役職員に対して、制裁が科せられるおそれが出てきます。

こうした制裁には5つの種類があると考えられます。すなわち、刑事的制裁（刑事責任）、行政的制裁（行政処分）、民事的制裁（民事責任）、社会的制裁（社会的評価）および自律的制裁（社内措置）です。この5つの制裁という考え方こそが、コンプライアンス違反が発生したときの具体的対策を構築する上で重要なポイントとなります。

つまり、コンプライアンス違反を起こした企業には、5つの制裁が科せられるおそれがあるということは、企業としては、そうした制裁を前提に、制裁による影響が最小限にとどまるような対策を取ることが大切だということになります。

つまり、それは以下の〝5つの対処〟を適切に行うということに帰結します。

○刑事的制裁（刑事責任）**については、捜査機関などへの対処**
○行政的制裁（行政処分）**については、監督官庁などへの対処**
○民事的制裁（民事責任）**については、被害者・株主などへの対処**
○社会的制裁（社会的評価）**については、報道機関、業界団体、取引先等や一般顧客・消費者への対処**
○自律的制裁（社内措置）**については、懲戒処分や再発防止策を含む企業内対処**

コンプライアンス違反によって科せられる〝5つの制裁〟が実際に発生したときには、こうした〝5つの対処〟が役立つことになります。そこで、制裁と対処について、さらに具体的に説明します。

5つの制裁

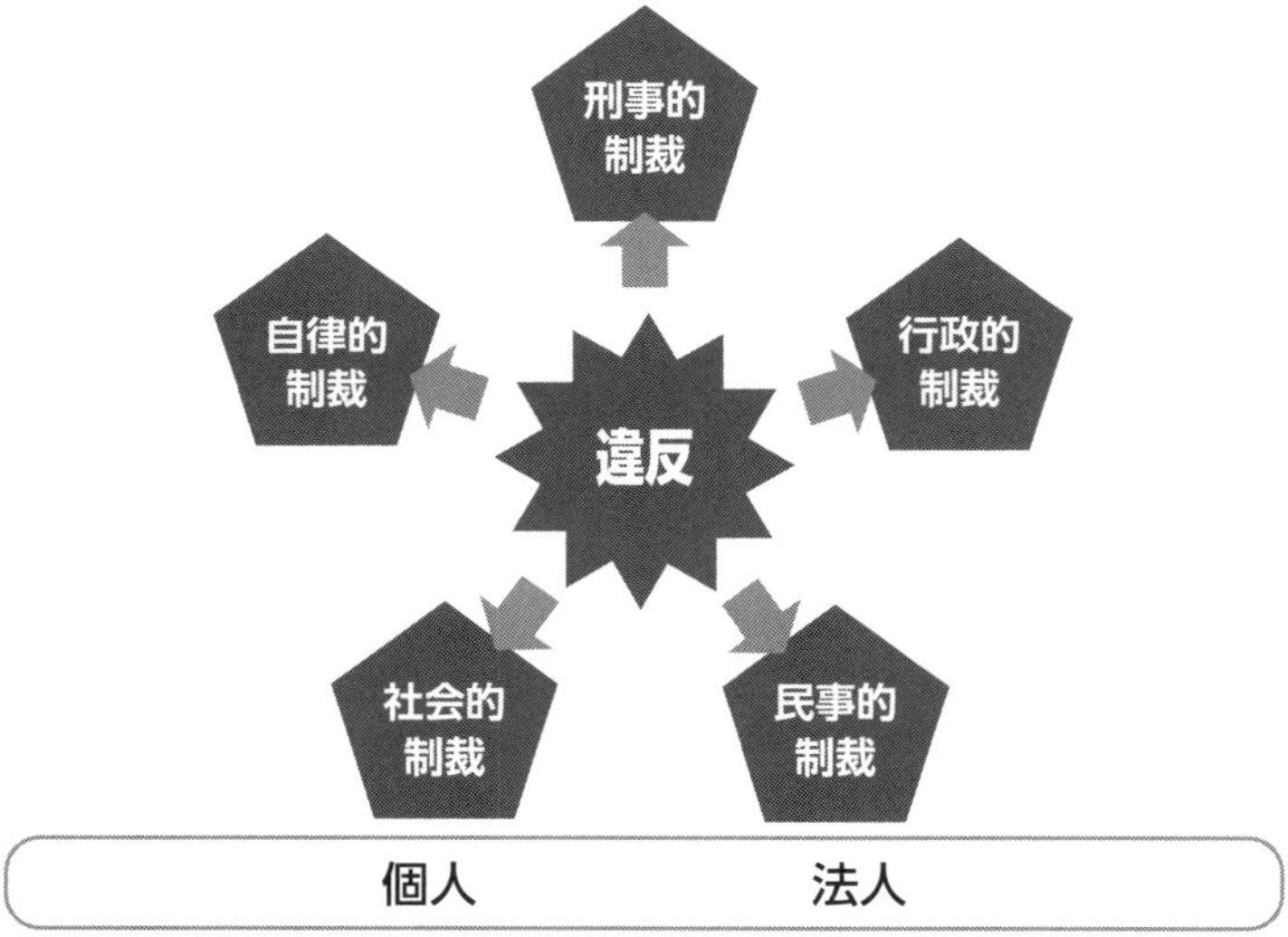

重要ポイント

対処

1. 刑事的制裁⇒捜査機関への対応
　○社内調査の徹底、捜査への全面協力など
2. 行政的制裁⇒監督官庁への対応
　○監督官庁への迅速な報告、再発防止策の構築など
3. 民事的制裁⇒被害者・株主への対応
　○被害・損害の把握、被害拡大防止策の実行など
4. 社会的制裁⇒企業社会への対応
　○社会に対するお詫び、危機広報など
5. 自律的制裁⇒自浄作用の発揮
　○迅速な原因究明、再発防止策の立案、実行など

（1）刑事的制裁（刑事責任）と対処

刑事的制裁は、国家（司法機関）による刑事責任の追及という形の制裁です。

刑事的制裁は、国家により刑罰を適用する形で実施されますが、主として不正行為や重大ミスを犯した企業の役職員やその企業自体に対して、裁判所が刑事責任の有無を判断して量刑を科すことになります。

①　役職員（個人）と企業（法人）に対する制裁

コンプライアンス違反を起こした企業自体やその役職員は、刑事責任を問われるおそれがあります。たとえば、コンプライアンス違反が意図的な不正行為の場合には、刑法をはじめ各種規制法規違反として取り締りや捜査の対象となる可能性があります。コンプライアンス違反が重大ミス（重過失）の場合には、業務上過失罪などに問われる可能性があります。

また、企業自体に対する処罰で、財産刑（罰金・没収）という形で制裁が科せられるおそれがあります。その金額は、近年、高額化の傾向にあります。

② 刑事責任にかかる事実関係の調査

コンプライアンス違反は、企業そのもののブランド価値や企業が提供する商品・サービスのブランド価値を低下させる信用失墜行為ともいえるものです。したがって、コンプライアンス違反が発生した企業としては、直ちに、どのような違反内容であるのかについて自ら社内調査を開始しなければなりません。

ア　全容解明のためのポイント

社内調査に当たっては、証拠を保全しておくことも大切です。この際注意しておかなければならないのは、個人のプライバシーに十分配意するという点と、くれぐれも捜査の妨害とならないようにするという点です。社内調査の客観性、公平性が保たれないような場合には、第三者委員会を設置して、社外の有識者による調査に任せる方法もあります。

企業がコンプライアンス違反を起こした場合、おおむね以下の4つのポイントが事案の全容解明上重要です。

○違反行為の悪質性

＊悪質性は、計画的な違反行為、組織的な違反行為、違法状態を故意に放置した行為、隠ぺい工作の有無、違反行為がいつからいつまでの期間かなどから判断します。

○コンプライアンス違反が与える社会への影響度

＊影響度は、将来への模倣性、商品・サービスの信頼度、業界団体への影響などから判断します。

○被害（被害者）の規模（人数）や生命・身体への影響

＊被害者が幼児、高齢者など社会的弱者かどうかの確認、遺族・家族関係の確認、入院の有無・入院期間の確認などで判断します。

○被害回復の程度

＊被害回復は、後遺症、損害賠償、原状回復などから判断します。

こうした点は、その後、企業として改善策を講じる上で大変に重要になる事項です。

捜査機関などとの関係では、どの部門が担当するのかを把握しておくことで、捜査機関などの取組み姿勢や事案処理の方向性について予測がつくこともあり、社内措置を適切に行うことにつながります。

イ「日本版司法取引」

2016年6月に、刑事訴訟法等の一部を改正する法律が公布され、2年以内にいわゆる「日本版司法取引」が施行されます。企業としては、コンプライアンス違反が発生した当初の段階で判明した事実関係のみならず、いわゆる「日本版司法取引」で明らかとなる事実関係を把握することが極めて重要となります。

従来、一部企業においては、コンプライアンス違反が発生した場合、違反事案の内部的な広がりを抑制する方向で決着をつけようとして〝その場しのぎ〟の安易な内部調査の結果を、判明した〝事実関係〟として公式発表するケースが散見されました。

しかし、いわゆる「日本版司法取引」の導入により、企業自体が組織的にコンプライアンス違反に関与している場合には、徹底した内部調査によりコンプライアンス違反という企業犯罪（複数の関係者が関与することが多い）の全容を早期に解明し捜査機関に通報（単なる捜査協力ではなく、関連する犯罪事実を提供）することにより、捜査当局と「司法取引」を行い企業自体の訴追を回避することが重要になってきます。むしろ、積極的に企業自体が、罰則適用の減免を求めて、事実関係の独自調査により、役職員の犯罪関与を通報することで企業自体を有利に導くことも可能となったのです。

しかし、「日本版司法取引」の導入によって有利になったのは企業だけではなく、コンプライアンス違反に関与した事件当事者たる役職員が、同じように自己の罪の不起訴又は減刑を求めて、上司、同僚、部下等の犯罪関与や他社または他社の役職員の犯罪関与について積極的に供述する可能も出てきたということです。

こうした制度の導入によって、社会がどのように変質するかについての評価はさておき、企業としては、コンプライアンス違反事案の解明には真剣に取り組まなければ大きな打撃を受けるおそれが出てくるということです。企業は、単にコンプライアン違反を犯した役職員を抱える原因企業か、社外からの不法行為を受けている被害企業か、社内に共犯者はいないのかなどの見極めや、そもそも企業自体が組織的に関与したコンプライアンス違反事案ではないのかの見極めがきわめて重要です。

では、「日本版司法取引」の対象となる犯罪はどの範囲のものか、以下に述べます。

＜「日本版司法取引」の対象犯罪＞

○競売妨害関係
○文書偽造関係
○贈収賄関係
○詐欺・恐喝・横領・背任関係
○組織犯罪処罰法関係（マネーロンダリング関係を含む）
○財政経済関係犯罪
　＊租税に関する法律違反（法人税法違反など）
　＊独占禁止法違反（カルテルなど）
　＊金融商品取引法違反
　＊その他政令に定めるもの
○薬物・武器関係
○証拠隠滅関係（犯人隠匿罪、証拠隠滅罪、証人等威迫罪）

なお、企業による事実関係の調査に当たっては、デジタル・フォレンジック（電子鑑識活動）の活用も有効です。これは、ネット通信上の鑑識活動ともいうべきものです。業務上のネット通信のモニタリングについては、企業側の調査権限の確認等が必要ですが、メールやSNS等の通信は、PCから削除されても、通常はサーバにデータ（電子メール等）が保存されています。法令、社内規程等に則って活用すべきでしょう。

③　捜査への全面協力

企業のコンプライアンス違反は、企業が加害者の立場にある場合と被害者となる場合が考えられます。企業が被害者の場合であっても、コンプライアンス違反と判断される場合もありますから注意が必要です。たとえば、悪質クレーマー事案は、その対応いかんによっては、企業の落ち度を問われるおそれもあります。また、役職員を対象として脅迫・恐喝による不正融資・不正利益供与、威力業務妨害、インターネット上の誹謗・中傷行為など企業側が被害者となるケースでは、犯行自体は、社外の者によるのですが、犯行のきっかけとなった事実関係の中に、企業側にも不手際があったのではないかなどと問われるおそれがあります。しかも、役職員が被害を受けることにより業務遂行に重大な支障をきたす事態となった場合には、企業の内部統制システムが脆弱《ぜいじゃく》であったのではないかと言われかねません。

いずれにせよ、こうした場合には捜査対象となるおそれが出てきますが、捜査に積極的に協力するという姿勢で対応し、くれぐれも証拠隠滅や関連資料を「誤って廃棄した」などということがないようにしなければなりません。

そのため、緊急記者会見などの場で、捜査へ全面協力する姿勢を内外に表明することが大切です。

なお、コンプライアンス違反に関係した企業が複数ある場合には、関係企業の事案対処に関する立場、見解、主張が重要です。過去のケースでも、各企業の考え方の相違や、関係他社を非難する態度が明らかになると、捜査機関としては、証拠保全のために捜索・差押を行う事例があります。その状況が報道されることにより、さらなるブランド価値の低下のおそれも出てきます。

④ 捜査当局の関係役職員に対する事情聴取の把握

捜査当局が役職員に対し事情聴取を行うケースでは、捜査当局の関心が、役職員個人のみか、企業自体も法人として問題視されているのかを見極めることも大切です。企業に対し捜索・差押が実施されれば、押収物の確認をすることも、捜査当局の意図を推測する機会になるでしょう。

また、捜査機関などで話した内容と、社内調査の内容が食い違う場合には、なぜ食い違いが生じたのか、その解明に努めるべきでしょう。ただ、企業が関係者に対し任意の聞き取りをする場合には、利益相反行為に留意しなければなりません。企業犯罪の場合には、役職員等被疑者となり得る人たちの立場、企業自体の立場、監査役（会）の立場など利害が入り乱れることがあるからです。特に、弁護士を選任する場合には注意が必要です。

（2）行政的制裁（行政処分）と対処

行政的制裁は、国または地方自治体（行政機関）による各種処分の追及という形の制裁です。

行政的制裁は、不正行為や重大ミスを起こした企業自体または企業の役職員に対する制裁で、将来の抑止効果をも目的として監督官庁が行政上の処分を科すものです。これには

2つあります。

なお、ここでは制裁そのものに加えて、必ずしも制裁とはいえないまでも一定の制裁効果をもたらす企業名の公表という行政機関の行為についても付言します。

① 行政処分等の態様

ア 許認可等の取消、業務停止命令など

許認可などの取消し、業務停止命令、是正勧告などは、企業がその許認可業務に関して不正行為または重大ミスを起こした場合、当該業務を行う許認可などを取り消され、業務の一部または全部の停止を命ぜられ、是正勧告を受け、また公共事業入札への指名停止処分を受けるものです。

こうした行政処分によって企業に経済的損失が発生するのは必至です。

イ 金銭的制裁

金銭的制裁には次の2つがあります。

1つ目は、過料です。

過料は、不正行為や重大ミスの原因となった行為自体は必ずしも反社会的なものではなく、また直接行政目的を侵害する行為という観点で科される制裁ではありません。むしろ、不出頭に対する過料（民事訴訟法第192条）や条例違反に対する過料（地方自治法第14条③）など主として行政上の秩序を維持するために科されるものや、国税滞納処分として強制的に徴収する過料など主として行政目的を執行するために科されるものです。


2つ目は、課徴金です。

課徴金は、企業が不正に得た利益を監督官庁が収奪する形で制裁を科すとともに将来の違反の抑止を図ることを目的とするものです。

談合、カルテルなどに対して公正取引委員会が科すもの、インサイダー取引などに対して証券等取引監視委員会が科すものなどがあります。大手電機メーカーT社の不正会計事件では、証券等取引監視委員会による課徴金は73億円に上りました。

ウ　企業名の公表

企業名の公表は、直接的には行政的制裁とは言えませんが、行政機関の行為の結果として制裁的効果をもたらすおそれのあるものと考えることができます。これには次の3つがあります。

1つ目は、法令・条例上の公表です。

法令上の公表については、まず国レベルにおいて、たとえば2009年の消費者庁設置以来、消費者保護のため重大事故などの原因となった製品名などの公表、企業名の公表が行われており、これも一種の制裁と考えられます。

また、地方自治体レベルでも、たとえば暴力団排除条例には、暴力団をはじめとする反社会的勢力に利益供与した事業者が公安委員会の説明要求、資料提出命令を拒否し、是正勧告に従わない場合に事業者名を公表するなどの規定が盛り込まれています。

2つ目は、調査報告書の公表です。

監督官庁が、発生した事件、事故などの重大性から、事故調査委員会、事故防止対策委員会などを設置して、後日、報告書を取りまとめ公表することがあります。

公表それ自体は、制裁というわけではありませんが、公表の結果として、重大事件、重大事故などを起こした企業の名前やコンプライアンス違反の企業責任、企業体質などが明らかとなり、その企業に対する社会的評価からブランド価値が低下するなどの影響が出るおそれがあり、一種の制裁と言えなくもありません。

3つ目は、法令改正などです。

許認可行政や行政指導の隙間に生じた重大事件や重大事故などに対して、再発防止を目的に新たな〝安全・安心〟規制をかけるため既存の法令（法律・政令・規則）改正や新たな法律を成立させることも多々あります。こうした改正などの背景にある事件、事故などを〝立法事実〟と呼んでいます。「この法令（条文）は、〇〇事件（事故）をきっかけに改正された（新設された）」などと後世に語り継がれ、不正行為や重大ミスを起こした企業にマイナスイメージが付きまとうおそれがあります。これも一種の制裁行為と言えなくもありません。

② 監督官庁等への迅速な報告

コンプライアンス違反を起こした企業が受ける行政処分は、許認可を行う監督官庁や公共工事の発注元としての官庁（自治体を含む）から科せられる処分です。

具体的な監督官庁としては、コンプライアンス違反の態様や企業の業務の特性によりさまざまですが、それぞれ行政事務を所掌する許認可官庁（自治体を含む）となります。この中には、消防署、保健所、労働基準監督署なども含まれます。上場企業の場合には、官庁ではありませんが、金融商品取引所等への報告・連絡も必須です。

コンプライアンス違反が発生した企業は、こうした関係機関などに対して、迅速な報告を実施し、真摯に説明する努力をしなければなりません。広報対策・ＩＲ活動などに忙殺され、行政への報告・連絡がおろそかになってしまうケースが散見されますので注意が必要です。

まず、行政機関に対しては、第一報などの形で口頭報告を行う場合や、広報文などの関係資料を送付する場合もあるでしょうが、通常、所管官庁からは、期限を定めて正式な報告書の提出を厳しく求められます。報告書の提出は1回とは限らず、内容が不十分で再度報告を求められる場合や一定期間経過後に報告書の再提出を求められる場合などもあります。

報告書には、以下のように、これまで説明してきたポイントを外さない内容を盛り込むことが大切です。

○コンプライアンス違反についてのお詫び・反省
○コンプライアンス違反の事実関係（企業の内部統制システムの不備を含む）
○違反事実の具体的原因究明
○業務の改善と再発防止策
○関係者に対する社内処分（監督責任を問う処分や体制強化のための人事異動を含む）
○被害者への対応（損害賠償、原状回復、示談などを含む）

また、万が一にも、虚偽の報告を行ってはいけません。〝新たなコンプライアンス違反〟に発展することになりかねません。

③ 再発防止策の構築

監督官庁への報告・連絡の中には、再発防止策を盛り込むべきことはすでに説明した通りですが、これは必須事項であることを認識しておく必要があります。

再発防止策は原因究明と表裏一体の関係にありますから、コンプライアンス違反の原因究明に基づく再発防止システムの構築や見直しなどについて詳細に述べる必要があります。

再発防止策は、監督官庁から十分な指導を受けることが必要です。ここで留意すべき点は、第2章で後述するコンプライアンス違反の3つの原因、すなわち経営体質に根ざす原因、危機管理経営に根ざす原因および個人の遵法精神などに根ざす原因を押さえた上で、その再発防止策を構築するという点です。

④ 事業継続方策の検討

行政処分については、最悪の場合には、企業に許認可の取消処分や営業停止処分が科されることになります。これでは企業としては、持続的な発展は不可能です。また、是正勧告が出される場合もありますが、この場合、勧告内容を着実に実行しなければなりませんし、是正した状況を報告することが求められる場合もあります。さらに、金銭的な制裁を科せられることもあります。一方、企業名を公表されることを前提として、企業のブランド価値の低下や商品・サービスのブランド価値の低下を招くことも考慮に入れておく必要があるでしょう。

どのような処分が下される可能性があるかについては、公開されている関係官庁の過去の処分例を参考にして、あらかじめ自社のケースに当てはめ、予想される処分内容・期間に応じた業務推進（改善）方策を検討しておくことが大切です。

なお、監督官庁から科せられた行政処分（許認可などの取消し、課徴金、入札参加停止など）に対しては、コンプライアンス違反の重大性と行政処分の重さとの因果関係に不服がある場合には、行政訴訟や国家賠償請求などの法的手続きを取ることも可能です。

（3）民事的制裁（民事責任）と対処

民事的制裁、すなわち被害者（関係者）・株主などによる民事責任の追及（損害賠償、被害回復など）という形の制裁があります。また、被害者等と株主への対処で大切なことは、以下3つあります。

① 被害者等と株主による制裁

ア 被害者等からの要望、責任追及

被害者等（被害者、遺族その他の関係者）による制裁は、民法の不法行為の規定により、企業やその役職員による不正行為や重大ミスの結果として、その行為により損害を被った被害者・関係者からの損害賠償請求が提起されるという形で科せられる制裁です。

企業の役職員が起こしたコンプライアンス違反が業務に関したものであれば、使用者責任が問われることになりますから、企業に科せられる重要な制裁の1つといえます。

なお、被害者などは、必ずしも個人とは限りません。コンプライアンス違反企業との契約により業績悪化の影響を受け、多大な損失を被った取引先などのステークホルダーから損害賠償を求められるおそれもあります。

また、消費者契約法に基づき、悪徳業者に対する制裁強化の一環として、多数の消費者被害が発生した場合に、国が認定した適格性を備えた消費者団体により消費者全体の利益擁護のための差止請求が行われる消費者団体訴訟という制度があります。

しかし、差止請求だけでは消費者の被害回復は不十分であることから、消費者に生じた被害を一括して実効的に回復するための民事訴訟手続と集団的消費者被害回復訴訟制度を確立するための「消費者の財産的被害の集団的な回復のための民事裁判手続の特例に関する法律」（2013年12月）が成立しています。

国民の権利意識の高まりの中で被害者（消費者）がコンプライアンス違反を起こした企業に対して、その責任を追及する傾向は今後ますます強まっていくことでしょう。企業の安全対策が不十分なために被害が発生した場合は、特に被害者に対する迅速な面談とお詫び、精神的サポート、補償などが重要です。被害者は、一般通行人、事業所来訪者、管理施設利用者、顧客、テナント従業員、自社従業員などさまざまです。要は、被害者（関係者）への対処を最優先とするということです。

イ　株主からの訴え、責任追及

株主による制裁は、不正行為や重大ミスを起こした企業の役員に対し、株主が企業に損失をもたらした経営責任を株主代表訴訟という形で追及する制裁です。株主代表訴訟は、60日以内に監査役が会社を代表して訴訟提起しない場合に、株主自らが原告となって提訴するものです。

また、子会社の監視体制を強化するため会社法改正（2015年5月）で、親会社の株主が一定の条件の下、子会社の役員を訴えることができる「多重代表訴訟制度」が創設されました。

近年、企業の役員に対して高額の損害賠償を請求する株主代表訴訟が多く提起されています。

コンプライアンス違反が発生した場合、対外的には、株主をはじめ、金融機関、取引先、顧客などのステークホルダーに対する説明責任を果たし理解してもらう努力をすることが重要です。また、社内的にも、一部の者にとどまらず、再発防止の観点からすべての役職員に対してきちんとした説明が必要でしょう。

なお、被害者等や株主からの責任追及の要求、要望事項の中に、事案の再発防止の観点から、特定の再発防止策の実行を要求する場合があります。裁判となった場合の和解でも、こうした再発防止策の構築が和解条件となったことがありますので、再発防止策の構築は大変重要です。

②　被害拡大防止（二次被害防止）策の迅速な実行

コンプライアンス違反の発生で、被害者等への対処と並んで、まず行わなければならないことは被害拡大防止（二次被害防止）です。ここで大切なことは、次の３つの対応です。

ア　欠陥商品の回収等

１つは、商品に欠陥が生じている場合です。

新たな欠陥事故の発生拡大を防ぐためには、ただちにリコール、店頭回収、販売中止、委託工場との契約解除などを実施します。

イ　管理区域内の危険除去

２つは、管理区域内に危険が生じている場合です。

コンプライアンス違反により重大事故が発生した場合には、迅速な現場措置が必要となります。企業としては、ただちに現場危険物の排除、立入禁止措置、安全装置の設置などを実施しなければなりません。

ウ　広報・ＩＲ（投資家向け広報）とコールセンターの設置・増強

3つは、危機広報の実施とコールセンターの設置・増強です。

マスメディアを通じて迅速な広報活動を推進し、「お客様相談室」などコールセンターを設置・増強するとともに、商品処理体制の強化、商品購入顧客への取扱中止要請、施設利用者の制限などを実施します。

③　損失・損害の把握

被害者等および株主への対応で行わなければならないことは損害・損失の算定です。特に被害者自身の被害状況の把握は急務です。

ア　被害者等の特定と被害状況の把握

被害者および株主などへの対処で大切なことは、次に掲げたように被害者の特定および具体的被害状況の把握です。

ただし、これらは重要な個人情報ですから、その取扱いには十分注意しなければなりません。

把握すべき主な項目は次の通りです。

○氏名、生年月日（年齢）、**国籍**（外国人の場合）、**男女の別**
○職業（学生の場合には、学校名、学部名、学年を含む）
○連絡先（親族などの連絡先を含む）
○入院の有無・入院期間（病院名を含む）
○被害程度（死亡、重篤、重軽傷など）**・被害回復までの期間**
○被害時の立場（一般通行人、施設来訪者・利用者、自社勤務中などの別）

なお、被害者が子供（幼児）、高齢者、妊婦、障がい者、外国人などの場合には、被害事案の与える社会的影響度はいっそう高まるため、可能な限りこうした確認が必要となります。さらに、被害者および関係者の事案に対する思いや被害意識の把握が大切です。

イ　物的損失の把握

次に、物的損害の詳細把握も重要です。以下の項目がそのポイントです。

○被害にあった施設・設備の名称、被害程度
○滅失した装備資機材などの機種、型番とその被害程度
○原状回復、安全回復のための改善コスト
○被害のあったＩＴシステムの修復コスト

ウ　損害賠償額の算定

さらに、損害賠償額の算定です。

過去の一般的な補償事例を参考にして、被害者のための補償額（損害賠償額および慰謝料）をある程度想定しておくことは、事業継続の観点からも重要です。ただし、実際の被害額の算定には、専門家の指導を受ける必要があるでしょう。

エ　営業損失

加えて、さまざまな営業損失の発生も予想されます。

コンプライアンス違反事案の発生により、企業のブランド価値や商品・サービスのブランド価値が低下し、顧客離れによる営業損失が発生することがあります。株価への影響が

出てくるおそれもあります。企業は、こうした状況をも注視していかなければなりません。

また、広報・ＩＲ（投資家向け広報）費用も予想されます。企業が被害者や一般消費者に対し、お詫びのために社告を主要新聞に掲載し、テレビでＣＭ放送をする場合がありす。また、お客様に対して、お詫びのための文書を送付する場合もあります。こうした場合の諸費用も、企業にとっては、被害者対応として必要不可欠なものであることを自覚すべきでしょう。

（4）社会的制裁（社会的評価）と対処

加えて、制裁には、コンプライアンス違反を起こした企業を社会（世間）がどう見るかという問題があります。これが、社会的制裁です。

企業自体やその役職員が起こした不正行為や重大ミスについて、企業のブランド価値や商品・サービスのブランド価値の低下や信用失墜を招くのみならず、報道を通じて、企業や役職員の所属する業界団体、企業の取引先等、一般顧客・消費者などが、自浄作用、取引中止、不買運動など、それぞれの立場で企業に対して制裁を科すものです。

① 社会的制裁の態様

社会的制裁は、（i）マスメディア等による報道、（ii）業界団体による制裁、（iii）取引先等による制裁、（iv）一般顧客・消費者による制裁および（v）ネット上の書き込みなど、広範囲で画一的でない制裁です。

② 低姿勢の対応

こうした制裁は、それぞれの立場・特性からさまざまですから、その対処についてもアプローチは異なります。ただ、共通することは、企業社会における違反企業、一般社会における違法行為者という厳しい目で社会（世間）から見られているということです。したがって、そうした制裁に対しては、企業として、企業人として社会に対するお詫びという低姿勢なアプローチで臨むことが基本でしょう。

以下、６つのケースに分けて説明します。

ア　マスメディア等の報道

社会的評価への対処で最も重要なことは、新聞、テレビ、ラジオ、インターネットなどマスメディアの報道に注目する必要があるということです。上述したように、コンプライアンス違反に対する社会的評価は、さまざまな手段により下されますが、特に、マスメディアの〝伝播性の速さ〟には留意が必要です。

マスメディアは、消費者目線、生活者目線で事実関係について公平・中立的な立場から報道し、また解説します。その報道効果は絶大なものがあり、結果として企業自体やその提供する商品やサービスのブランド価値の低下を招きかねないのです。また、こうした報道を受けて、企業がどのように対処するかによって、さらなる報道が続き、場合によっては、より大きな企業イメージの失墜を招くことにもなります。

この意味で、緊急時のマスメディアへの対応（これを「クライシス・コミュニケーション」と呼びます）は、企業にとって極めて重要な課題です（81頁参照）。

イ　業界団体等による自浄作用

コンプライアンス違反を起こした企業に対しては、その企業が所属する業界団体、事業協同組合などが当該企業に対して評価を下し、協会・団体規則などに基づいて制裁を科す場合もあります。

これは、いわば業界という、限定された「社会（世間）」の評価・制裁なのです。

ここで留意すべき点は、2つです。

1つ目は、処分内容です。

コンプライアンス違反を起こした企業が属する業界団体などが一般的に科す制裁としては、除名処分、役職剥奪・降格、活動停止、制裁金の請求などが想定されます。これらは、業界団体などの規則、規程に基づいて行われるものですから、あらかじめそれらを入手しておくことも必要でしょう。

また、コンプライアンス違反を起こした企業が所属する業界団体は、「協会の内部規則に違反した」として、業界団体の自浄作用を高めるため、当該企業またはその経営陣に対して業界活動（または内部委員会活動）を自粛させたり謹慎処分、除名処分などを科したりするおそれも出てきます。

2つ目は、処分の公表です。

こうした処分内容は、業界団体などが自浄作用を保持していることを対外的に明示するためにも、公表することが通例です。こうした制裁は、事業継続に当たっては、刑事的制裁、行政的制裁、民事的制裁と併せて、当該企業にとって大きな打撃となります。マスメディアや一般顧客・消費者などは、業界団体の対応や措置に大きな関心を寄せていますから、業界団体として曖昧な対応は許されないでしょう。心すべき課題として銘記すべきでしょう。

ウ　取引先等の反応

取引先からは、原材料・半製品などの供給をストップするという行動も出てくるおそれがあります。仕入れができないという状況に至り、金融機関に融資を断られるケースも発生します。

さらに、コンプライアンス違反を起こした企業の取引先などは、そうした企業と取引を継続することに不安を感じるかもしれません。取引先などのこのような反応は、契約解除、既存取引停止などの措置にまで発展するおそれが出てきます。さらには、将来の取引機会の喪失にまでつながるおそれも出てくるかもしれません。

エ　一般顧客・消費者等の反発

マスメディアによる報道の結果、一般消費者、主要顧客などは、コンプライアンス違反を起こした企業が提供する商品やサービスに対してその消費行動を控える場合がありま す。最悪のケースは、不買運動に発展するおそれさえあるのです。

今日のように、ＳＮＳが発達した社会では、いわゆるネット上の口コミが瞬く間に広がり、一瞬にして商品・サービスの提供に影響が出てきます。このため、Ｗｅｂモニタリングなどを通じて、その兆候を早期に発見し対策を講じる必要があります。Ｗｅｂモニタリングは、自社で行う方法と、24時間モニタリングが可能な専門企業に依頼する方法があります。

オ　市場評価

コンプライアンス違反の発生が上場企業の場合には、金融商品取引所の取り扱いが課題となります。

この場合、上場企業の金融商品の適格性維持の任に当たる日本取引所自主規制法人は、企業に対し、資料提出、事情説明を求め、事実関係を確認します。

たとえば、コンプライアンス違反の関与者の故意・過失の程度、人数・期間等範囲、背景、過去の違反歴、違反法令の種類（刑事罰、行政処分、取引所規程違反など）、社内管理態勢、コンプライアンス違反発見の経緯（自浄作用の有無）、責任の認識、得られた経済利得、再発防止の実効性、調査等への協力度などを勘案し、最終判断を行います。

こうした項目は、本来上場企業に対するものではありますが、コンプライアンス違反を発生させた企業一般にとっても、社内調査に際して大変に参考になるポイントです。

自主規制法人による最終判断の結果とられる措置は、「特設注意市場銘柄」への指定、改善報告書の徴求、公表、上場契約違約金の徴求などです。また、金融商品として適格性を喪失しているおそれのあるものについては、「監理銘柄」に指定し、上場廃止基準への該当性にかかる審査を行い、該当する場合には「整理銘柄（上場廃止決定）」に指定されます。

カ 風評被害の拡散

コンプライアンス違反にかかわった企業自体と企業の役職員の個人情報が報道されることにより、その本人および家族などが苦境に立たされる場合があるほか、最近のフェイスブックやツイッターといったSNS（ソーシャル・ネットワーキング・サービス）の発展から、国民一般がブログ、ツイッター、フェイスブック、ラインなどにおいて、さまざまな評価を行うケースが顕著になってきています。インターネット上に企業自体や関与したとされる役職員を誹謗・中傷する無責任な書き込みが行われ、根拠のない風評被害を受けるおそれもあります。

こうしたSNSでは、マスメディアや業界団体などのように、コンプライアンス違反の事実関係を公正・中立的立場でとらえるというよりも、匿名による無責任、無秩序かつ恣意的な評価（攻撃）が行われる場合があり、名誉棄損や信用棄損をはじめ、企業自体やその商品・サービスに対する誤ったキャンペーンが展開されるケースも散見され、無視できない事態となっています。

コンプライアンス違反に関する報道が過熱化する中では、飛び交う風評被害に対する対応には相当な困難が付きまといますが、いわれなき誹謗・中傷には毅然とした対応が必要です。危機管理、ネット技術などの専門家や弁護士のアドバイスを受け、法的手段を含む適切な対応が必要です。

また、企業自体も、ネット・メディア、ホームページ、広報パンフレット、会社案内などあらゆる手段を使って、企業の再生に向けてアピールし、社会に受け入れられる努力を忍耐強く続けることが大切です。

③ 危機広報（クライシス・コミュニケーション）と緊急記者会見

コンプライアンス違反が発生した企業が忘れてはならない重要な点はマスメディアの報道ぶりです。報道の程度は、コンプライアンス違反の内容（重大性、悪質性、組織性、社会的影響など）によって異なりますが、いかに事実に即して公平・中立に評価をしてもらうかに注力する必要があります。また、既述したブランド価値の低下を最小限にとどめるためにも、コンプライアンス違反の事実関係の情報開示に当たっては、企業の真摯な姿勢を示すことが肝心です。

そこで実施すべきことは、危機広報（クライシス・コミュニケーション）です。

ア　緊急記者会見

特に、緊急記者会見への対応は重要です。

危機広報は、具体的には緊急記者会見という形で対応していくことが最も有効な方法です。しかし、時間的制約の中で、その準備をすることは大変なエネルギーを要します。

記者会見要領としては、会見場（自社会議室、ホテル会場、記者クラブなど）の確保、必要資機材（PC用電源、照明器具、マイク、机・イス、モニター・スクリーン、自社記録用機器など）の準備、記者・カメラマンの取材位置の区別、駐車場の指定など、いわばハード面の準備が必要です。

同時に、いわばソフト面の対策として、マスメディアへの連絡に配意するとともに、会見でコンプライアンス違反に関する事実関係や対策などを説明する会見者（代表取締役など最高責任者）や司会役（広報担当者など）の選定、会見時間、同席者（担当役員、弁護士など）の有無、服装（スーツ着用、目立たないネクタイなど）の指定などを検討し、会見時にマスメディアに配布する〝スタンスペーパー〟（当該コンプライアンス違反の事実関係に対する企業の基本姿勢を示す文書）などの作成、会見時の質疑応答（事実関係の調査継続の有無、原因究明、被害者への対応措置・被害回復、再発防止策、関係者の処分などを含む）に備えるための〝想定問答〟の作成、受付係・警備員・案内係などの行動要領の作成・指示などを準備することも重要です。

また、緊急記者会見の説明内容についても、基本的な留意事項があります。それは、コンプライアンス違反の発生について、「社会（世間）」に対しお詫びをするという考え方で会見に臨まなければならないという点です。会見に出席するマスメディアの質問の奥には、「社会（世間）」が控えていることを忘れてはなりません。会見では、自社の従業員の不正行為または自社の商品・サービスの欠陥などによって消費者、関係者に対し、「多大なご迷惑、ご心配をおかけした」ことのお詫びや心から反省しているという低姿勢の対応が重要なのです。つまり、世間は、コンプライアンス違反企業に対し社会的責任が果たされることを求めているのであって、こうした姿勢で対応すれば、ただちに法的責任を問う追及の場となることは通常はありません。したがって、緊急記者会見の内容が、将来の敗訴を恐れてお詫びの発言もなく〝言い訳〟に終始したり、「警察から話さないように言われている」などと突き放す態度を取ると、かえって企業のマイナスイメージが先行して致命的結果をもたらすおそれもあります。

他方、不幸にしてコンプライアンス違反は発生したものの、この会見を通じて、再発防止のために〝安全・安心〟にかかる問題に真摯に取り組む企業であることを理解してもらうことも大切です。

問題はあったものの、〝安全・安心〟を重視した企業であることをアピールできるチャンスであるという発想の転換も必要です。すなわち、会社を守るための安全対策ではなく消費者の生命・身体・財産を守るための〝安全・安心〟戦略が求められるということを認識すべきです。

イ　社告などの取扱い

また、社告などの取扱いも重要です。

危機広報は、社告などの形でも行われなければなりません。これは、緊急記者会見の様子が報道される、されないにかかわらず、広く一般国民に、事案発生のお詫びと安全確保のためのリコール（商品回収、修理）などの措置などについて、お知らせするという趣旨です。具体的手段としては、新聞、テレビ、ラジオ、ホームページ、上場企業におけるＩＲなどを活用し、またお詫び表明の文書を活用する方法などがあります。

ウ　報道の結果

報道の結果として、業界団体、取引先、一般顧客・消費者などの団体行動、取引行為、購買活動などに変化が生じるおそれが出てきます。場合によっては、コンプライアンス違反を起こした企業自体やその販売する商品のブランド価値が低下するおそれが出てきます。

また、企業のみならず、その役職員の社会的信用が失墜するなどのおそれも出てきます。

(5) 自律的制裁(社内措置)と対処

最後に、自律的制裁、すなわち企業内部の制裁(社内処分および各種措置)の実行です。刑事的制裁、行政的制裁、民事的制裁および社会的制裁は、言わば他律的な制裁ですが、自律的制裁は、不正行為や重大ミスを起こした企業自体や役職員自らが科す制裁です。自らに科す制裁については、企業に甘えが生じると社会(世間)は納得しませんし、また〝名ばかりの制裁〟を科してお茶をにごそうとすることも社会は許しません。厳しい自覚と自制心が求められることは言うまでもないのです。

自律的制裁については、5つ説明します。

① 迅速な原因究明

迅速な原因究明については、2つほど述べます。

1つは、調査委員会の設置です。弁護士、公認会計士・税理士や危機管理の専門家など部外の有識者を含め、公平・中立の立場から、発生したコンプライアンス違反についての原因究明を早急に行うための委員会を設置する必要があります。こうした委員会は、部外者だけで構成される〝第三者委員会〟という方式と、社内の代表者（たとえば、社長や担当役員）を含めた〝社内調査委員会〟という方式があります。前者は、より独立性の高い調査が行われるでしょうし、後者は専門性の高い原因究明が可能でしょう。

第三者委員会については、日弁連が「企業不祥事における第三者委員会ガイドライン」（２０１０年7月15日）を策定、公表しました（２０１０年12月17日改訂）。

これによれば、次の3点が示されています。

○調査対象は、企業不祥事の事実関係のみならず、経緯、動機、背景、コンプライアンス、ガバナンス、内部統制上の問題点、企業風土などに及ぶこと

○設置目的は、企業の社会責任（ＣＳＲ）の観点からステークホルダーに対して説明責

任を果たすこと

○調査活動は、中立・公正で客観的な調査を行い、再発防止策の提言も行うこと

企業としては、こうした第三者委員会の活用により、企業の積極的姿勢を対外的にアピールし、原因究明の中立・公正性を担保することも必要ではないかと考えます。

また、日本取引所自主規制法人は、「上場企業における不祥事対応のプリンシプル」（以下、「プリンシパル」と言う。）を策定（2016年2月）し、「4つの原則」を公表していますので、以下に要約して示します。

○不祥事の根本的な原因の解明

＊背景等を明らかにしつつ事実認定を確実に行う。

＊最適な調査体制、適切な調査環境（独立役員等の率先）に努める。

○第三者委員会を開催する場合における独立性・中立性・専門性の確保（委員の選定を含む）。

〈第三者委員会の設置事例〉

＊内部統制の有効性や経営陣の信頼性に相当の疑義が生じている場合
＊企業価値の毀損度合いが大きい場合
＊複雑な事案又は社会的影響が重大な事案である場合

○実効性の高い再発防止策の策定と迅速な実行

＊組織の変更や社内規則の改定等にとどまらない。
＊再発防止策の本旨が日々の業務運営等に具体的に反映される。

○迅速かつ的確な情報開示

＊把握の段階から再発防止策実施の段階まで行う。
＊経緯や事案内容、会社の見解等を丁寧に説明。

2つは、原因究明の3つのアプローチです。

原因究明に当たっては、第2章で述べるように、経営体質に根ざす原因、危機管理経営に根ざす原因および個人の遵法精神などに根ざす原因の3つが考えられますので、これにしたがったアプローチが必要です。

② 再発防止策の立案・実行

再発防止策については、前述した（2）③でも述べましたが、ここでは、監督官庁の指導を受け構築された再発防止策に加え、企業として倫理確立の観点を含めて、広く再発防止のための対策を構築するという意味です。再発防止は極めて重要な課題ですが、企業として徹底した防止策を構築するためには企業の司令塔となる再発防止委員会を設置する方法もあるでしょう。この場合、調査・原因究明と再発防止という2つの機能を合体し、前述の調査委員会と再発防止委員会を一体のものとして設置することも1つの方法です。

また、特に上場企業の場合には、上述したように、日本取引所自主規制法人の「プリンシパル」で「組織の変更や社内規則の改定等だけでは不十分」と示されていますので、このことも踏まえ策定する必要があるでしょう。

なお、再発防止策の策定は、厳密にいえば、制裁ではありません。

しかし、不正行為や重大ミスを起こした企業が再発防止策を策定するのは、二度と不正行為や重大ミスを起こさないという企業の新たな姿勢や決意を表明するためのものであり、コンプライアンス経営（法令遵守・企業倫理確立）の観点からも企業に課せられた義務です。したがって自律的制裁と一体的なものとしてとらえられるべきだと考えます。

③ 責任の所在の調査

責任の所在の調査については、2つほど述べます。

1つは、懲戒処分の実施です。

懲戒処分は、従業員などに対して企業があらかじめ定めている従業員服務規程などに基づいて懲戒免職、停職、降格、減給、戒告などの処分を行うものです。このほか、経営責任を追及された役員に対して辞任や報酬返上・減額等を勧告・要請することがあります。

コンプライアンス違反が発生したときに、社内で責任追及をおろそかにすると、役職員に対して誤ったシグナルを送ることになってしまうおそれがあります。つまり、懲戒処分、辞任勧告等がなければ、「コンプライアンス違反をしても責任は取らされない、処分されないのだ。辞めさせられることもないのだ」という誤った意識を社内にまん延させてしまうおそれがあるということです。

このことは、次のコンプライアンス違反を起こす土壌となって、企業を危険な方向に進ませることになるかもしれないのです。〝信賞必罰〟という言葉がありますが、企業は、健全な企業文化を醸成するために、これを実行する必要があります。

2つは、人事刷新です。

懲戒処分とともに実施されなければならないのは、人事刷新です。これは、懲戒解雇や自主的に退職した従業員を除き、コンプライアンス違反にかかわった担当者に対し、配置転換などの制裁的な人事異動を実施するものです。

また、関係した従業員の上司や管理者などに対し、監督責任を取らせる意味での人事異動の実施が必要になってくる場合もあります。事案によっては、担当役員の辞任・補充も視野に入れる必要があるでしょう。

④ 各種活動の自粛

加えて、各種活動の自粛も重要です。ここでは2つほど述べます。

1つは、コンプライアンス違反を起こした企業の活動自粛です。たとえば社告によるお詫びを行うとともに、営業活動として展開している広告宣伝活動（テレビCM、新聞・ネット広告など）をはじめ、コンプライアンス違反にかかる商品の販売、新規事業の展開、新商品のキャンペーン、企業の周年記念行事やお客様感謝祭などの活動を自粛するなど、企業倫理の観点からの自律的制裁を徹底しなければなりません。また、業界の公式行事や町内会など外部イベントへの参加は自粛せざるを得ません。これらは、一般消費者・主要顧客・取引先などから、そうした反応が出てくる前に、ただちに先行対策を実施することが必要です。義務ではありませんが、企業倫理を確立しようとする企業にとって、当然の自発的行為です。企業は、発生したコンプライアンス違反の社会的影響度が高ければ高いほど、企業として襟を正す意味で法人としての対外活動を自粛することも考えるべきです。

すなわち、それは企業としての〝マーケット戦略〟の緊急修正と新たな戦略の展開を意味します。業績を下方修正するとともに、企業の提供する商品・サービスの徹底的な改善、価格の再検討、流通網の再構築、〝安全・安心〟戦略を前面に出したプロモーション活動の展開などが必要でしょう。と同時に、トップセールス活動として、企業の最高責任者が〝お詫び行脚〟を行うなどの具体的行動も求められます。

2つは、不正行為や重大ミスを起こした社員などやその管理責任・監督責任のある経営陣・幹部の活動自粛です。たとえば、自宅謹慎し、対外的な活動（誕生パーティー、会食・懇親会など）、社内行事（ゴルフ・ボウリング大会といったレクリエーション、社員旅行など）、一般社交活動などを自粛する行為です。

⑤ 役職員のメンタルケア

コンプライアンス違反が発生してお客様や取引先企業に多大な迷惑をかけるような事態に陥ると、その事後対処に追われた役職員は、長時間労働の下、心身ともに大変なストレスを抱えるのではないでしょうか。つまり、ケガをして肉体に傷跡が残るように、経験したことのないような大きな精神的負担は心の傷として深く残るのです。したがって、こうした関係者に対する配慮が必要となってきます。場合によっては、ＰＴＳＤ（心的外傷後ストレス障害）も考慮し、医師や臨床心理士との連携も必要となってくるでしょう。

なお、コンプライアンス違反事案の処理にかかわらず、メンタルケア対策として、「ストレスチェック制度」も導入（2015年12月）され、従業員50人以上の事業所には検査義務があることにも留意すべきです。

また、労働契約法（2008年3月施行）第5条には、経営陣（使用者）の従業員（労働者）

に対する「安全配慮義務」（精神的な安全配慮も含む）が定められており、企業はこの観点も念頭において事案処理を行う必要があります。

〈参考〉リスク管理・危機管理とは

本書では、リスク・危機とか、リスク管理・危機管理という言葉を多用しています。〝危機管理〟という用語は、crisis managementという英語の日本語訳です。これは危機管理の先進国、アメリカで生まれた言葉です。

ケネディ政権下で起こった「ピッグズ湾事件」（1961年4月）の反省教訓から、国際的な危機対処を迅速・的確に行うためホワイトハウス（大統領府）に「危機管理室」（Situation Room）ができたのが、危機管理を推進する組織の最初です。外交・安保政策の実施や、軍事行動の発動に当たって、十分な情報収集のもとにリスク分析し、最悪の事態を想定し、そのリスク回避のために最善の措置を実施するという発想です。つまり、予測される被害・損失をどのようにコントロールするか、あるいは、発生してしまった被害・損失をどのように最小限に収めるかというダメージコントロールの考え方です。これが、

「キューバ危機」（1962年10月）の時に役に立ったのです。

ところで、アメリカの政府機関の関係者（連邦政府、州政府や地方政府の関係者）などは、現在はこの用語よりもemergency managementの用語を使うことのほうが多いようです。つまり、〝危機〟を現象面で捉えるのではなく、〝緊急事態〟という事案対処に重点を置いた捉え方をしているからです。

この危機管理という考え方は、最初はアメリカ政府がとったアプローチですが、その後、民間企業にまで広まりました。第2次大戦後の米ソ対立、核開発、核弾頭搭載ミサイルの増産という深刻な国際情勢の中で、核戦争の脅威に対処するためには危機管理の手法が必要だったのです。それに、民間レベルでも「キューバ危機」を契機に、核戦争への脅威から核シェルターの建設、食糧・医薬品等の備蓄が行われるようになったのです。

その後、「冷戦」の終結とともに、政府では軍事目的以外に大災害対策として、この手法が定着していくことになります。アメリカでは、毎年のように大型ハリケーンの被害があり、大洪水、大規模竜巻や、西海岸では時として大規模地震も発生し、政府のみならず、企業もその対処が必要になってきたのです。その後、「世界貿易センタービル爆破事件」（1993年2月）や「オクラホマシティ連邦ビル爆破事件」（1995年4月）などの大規模爆弾事件により企業の危機管理手法も進化し、こうした甚大な被害を生じるおそれのある事案に対しては事業継続計画（ＢＣＰ）という危機管理経営手法が生まれ、「９・11同時多発テロ事件」（２００1年）で、この手法の導入が加速されることにもなりました。

一方、〝リスク管理〟や〝リスクマネジメント〟という用語は、risk managementという英語を日本語に訳した用語です。歴史は古く、英国に発し、そもそもビジネスの世界で、船舶による国際貿易を行う上で、様々なリスク要因を分析・管理し損害賠償保険の基礎としたのです。「ロンドン大火」（１６６年9月）の後には、火災もこの保険の対象となりました。

〝危機管理〟と〝リスク管理（リスクマネジメント）〟の違いは、〝リスク管理（リスクマネジメント）〟は事案が発生する前の防止対策に重点が置かれ、〝危機管理〟は事案が発生した後の対策に重点が置かれると言う専門家もいますが、どうでしょうか。法律で規定されている「危機管理」という用語は、政府の活動に関してではありますが、「国民の生命、身体又は財産に重大な被害が生じ、又は生じるおそれがある緊急の事態への対処及び当該事態の発生の防止をいう」（内閣法第15条第2項）と述べられています。政府見解では、〝危機管理〟も発生前の対策を重視しているのです。

ただ、〝危機管理〟と〝リスク管理（リスクマネジメント）〟との学問的な相違については、まだ定説はありません。ビジネスの世界では、両者に共通する事案対処の考え方、手法を理解することのほうが大切です。従って、この2つは同一のものとして扱っていいと思います。

なお、著者は、とりあえず〝リスク〟とは「被害や損害が発生する可能性のある事象」をさし、〝危機〟とは「リスクが変化し、被害や損害が甚大となるおそれのある事態」と定義しています。被害・損害の程度に応じた分類です。したがって、事態の重大性（重大な影響度）は、〝リスク〟より〝危機〟のほうが大きくなります。こうした〝リスク〟〝危機〟を〝管理（マネジメント）〟する方法が〝リスク管理〟〝危機管理〟というわけです。

一般的には〝リスク管理（リスクマネジメント）〟については、

○リスクコントロール（リスク認識・分析・評価、リスク予防・回避、リスク軽減）
○リスクファイナンス（リスク補填・リスク転嫁）

の2つの要素があるという考え方が有力です。しかし、〝危機管理〟についても、

○危機の予測・予知、
○危機の防止・回避、

○危機の対処・拡大防止、
○危機の再発防止

という4つの要素があると言われていますし、こうした対処のベースにファイナンシング（資金調達）が必要不可欠なことは言うに及びません。従って、〝リスク管理（リスクマネジメント）〟と〝危機管理〟の内容は、用語は異なる部分もありますが、ビジネス上はほぼ同じ扱いでよいと思います。

〝リスク管理〟〝危機管理〟は、企業にとって事業を安心・安全に推進していくための経営手法、つまり手段であって、リスク管理・危機管理をすることが目的ではありません。企業の持続的発展のために、リスク・危機の発生を想定しながら、その対策を事前に構築・実施し、発生後の被害最少化を図る、そのためにリスク管理・危機管理という経営手法を使うのです。

第2章

コンプライアンス違反を再発させないためにやるべきこと

循環型危機管理経営（152頁参照）という考え方の下では、発生したコンプライアンス違反への「応急対策」が一段落したあとに実行すべきことは、今後二度と同様のコンプライアンス違反を発生させないための「事後対策」（再発防止対策）をただちに策定することです。これは、将来に向かって新たなコンプライアンス違反を発生させないための「事前対策」でもあります。

再発防止対策の策定は、発生したコンプライアンス違反の教訓を取り込み、策定しなければなりません。そのためには、前提として、「どのようなコンプライアンス違反の類型があるのか」「発生したコンプライアンス違反の原因が何だったのか」について分析しておかなければなりません。

1―コンプライアンス違反の類型

企業にとって身近に起こり得るコンプライアンス違反は、具体的にどのような姿となって表れるのでしょうか。発生防止や万一発生したときの対処について、あらかじめ想定しておかなければならない対象は、主として次の重大事件と重大事故の2つだと考えます。

(1) 重大事件

重大事件は、さらに要因別に次の3つの分類が考えられます。

① 企業内の要因により発生する重大事件

1つは、脱税、業務上横領・背任、粉飾決算・不正経理、インサイダー取引、個人情報や営業機密の紛失・漏洩、環境汚染・土壌汚染等公害、欠陥商品の製造・販売、欠陥物件の賃貸等、リコール隠し、偽装表示、食中毒、セクハラ・パワハラ等人権侵害など、主として企業内部における不正行為によって発生する重大事件です。

経営陣等がこうした事件に絡んで大きな企業スキャンダルとなるケースもあります。

② 企業外から攻撃を受ける重大事件

2つは、知的財産権侵害、役職員の誘拐・殺傷等攻撃事案、毒物・異物混入、ガソリン・灯油散布などによる放火、爆破予告・脅迫電話・脅迫状送付、反社会的勢力による不当要求、インターネット上の誹謗・中傷、不正アクセス、コンピュータウィルス感染など、主として企業の外部要因（意図的な企業攻撃や取引先などのコンプライアンス違反の影響などを含む）によって誘発され、発生する重大事件です。

取引先等の企業不祥事のあおりを受けるケースや、風評被害を受けるケースもあります。一見すると、企業は被害者の立場ですが、その実、企業内部のコンプライアンス違反問題が誘因となっているおそれもある事案です。

③ 企業内外の複合要因により発生する重大事件

3つは、談合・カルテル、クレーム処理上のミス、トラブルなど、企業の内外要因が重なり合って発生する重大事件などです。

過去の事例を見ると、短期間に業績が急上昇した企業では、成功体験からくる組織内の安心感、満足感が生まれる一方、内部管理にまで手が回らないことが多いようです。また、経営の意思決定が特定の人物・集団（創業者一族、ワンマン経営者など）に集中している企業では企業統治が機能していない場合があり、意思決定が恣意的、個人的で法令に無頓着となるケースがあります。

こうした企業では、コンプライアン違反が発生するおそれが高いのです。

（2）重大事故

重大事故は、さらに要因別に次の2つの分類が考えられます。

① 企業内部の重大ミス（重過失）

1つは、事業所・生産拠点・高層ビル・地下街等の失火、ガス爆発、工場爆発、エレベータ・

コンプライアンスの違反の類型

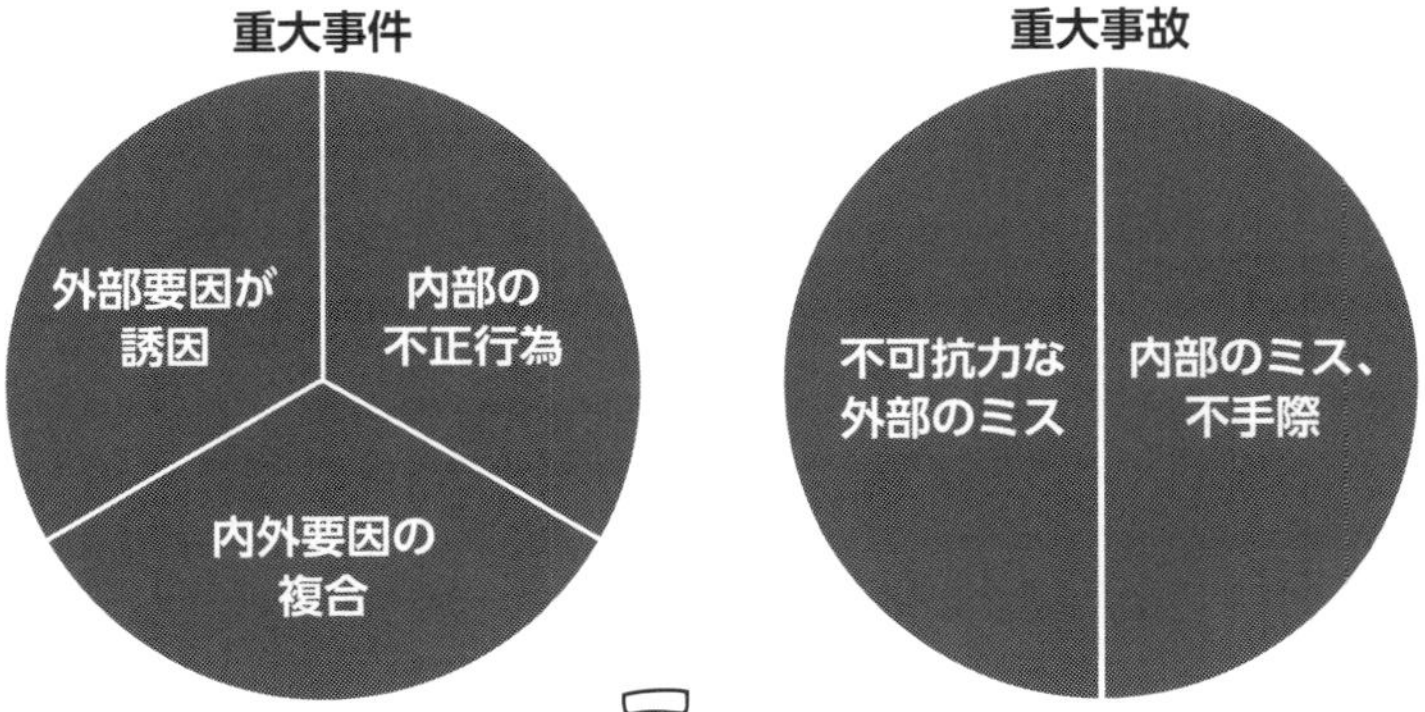

重要ポイント

再発させないために、
違反の類型把握と原因分析を！

重大事件（内部要因）
・業務上の不適切な操作
・不正な取引
・脱法行為
・欠陥商品
・偽装
・人権侵害など

重大事件（外部要因）
・他社による権利の侵害
・サイバー犯罪
・各種脅迫
・反社会的勢力
・インターネット上の誹謗・中傷

重大事件（複合要因）
・談合・カルテル
・クレーマー

回転ドア等の事故、落下物事故、管理物件内の転倒事故、レジャー施設内・行楽地死亡事故、労災事故、従業員による重大交通死亡事故、脱線死傷事故、墜落事故、転覆・沈没事故、原子力事故・放射能汚染、そのほか、ＩＴ機器の故障事故など、主として企業内部の重大ミス（重過失）、または一見不可抗力と見られる事案に社内的対応の不手際が重なり、大きな社会的反響を及ぼす事案のことです。

ミスの重大性によって法令違反が問われ、また不可抗力と見られる場合であっても、企業の管理責任について人災（コンプライアンス違反）として追及され企業倫理の問題となるおそれも出てくる事案です。

このような重大事故については、一般に、重大ミスによって発生することが多く、このため、コンプライアンス違反に問われるおそれが出てきます。

②　不可抗力

２つは、自社の管理の及ばないところで発生した環境・土壌汚染、ガス爆発、放射能汚染、金属疲労・経年劣化による各種事故により影響を受けた事故で、主として企業外・他社の重大ミスによって発生し、自社に及んだ事案でかつ社会的反響の大きい事案のことです。

これには、整備不良の社外インフラに社内の使用が重なって発生する電気、ガス、水道などの事故（失火、ガス漏れ、水道管破裂など）も含まれます。

2―コンプライアンス違反の原因究明

コンプライアンス違反に対する再発防止策は、一度失った信用を回復し、新たな経営戦略および事業目的を遂行していくために必ず確立しておくべき課題です。新たなコンプライアンス経営戦略を構築するためには、その前提として、不正行為や重大ミスの発生原因が何だったのかを分析しなければなりません。

不正行為や重大ミスには、大きく3つの原因があります。それは、（1）経営体質に根ざす原因、（2）危機管理経営に根ざす原因および（3）個人の遵法精神などに根ざす原因の3つです。

コンプライアンス違反の再発防止策は、こうした3つの原因を、具体的なコンプライアンス違反の検証の中で、解消していくことから生まれてきます。

コンプライアンス違反の3つの原因と、問題が生じるポイント

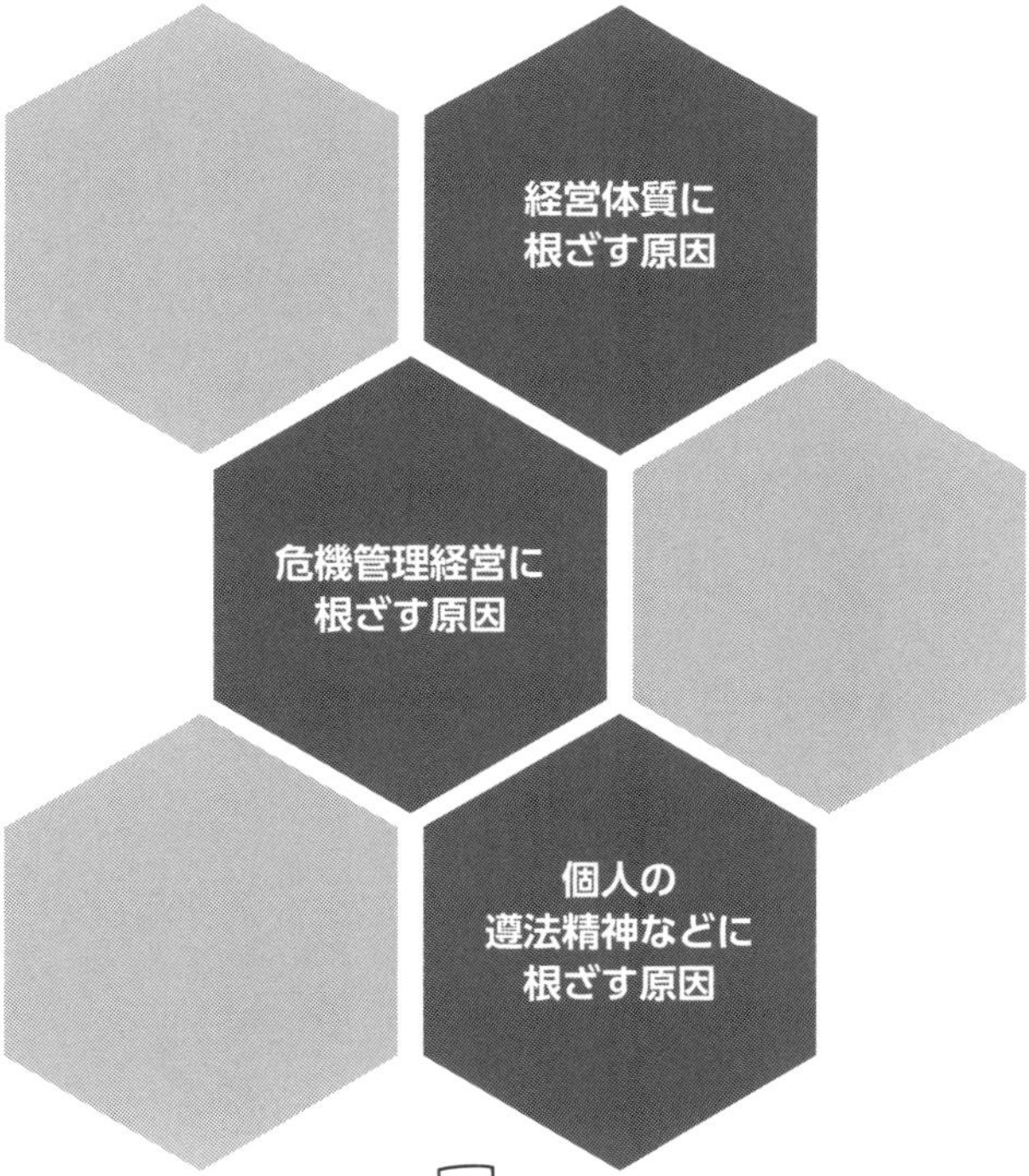

良好な企業風土や社風が崩壊していないか？

リスク・危機対処の時間軸への認識が不足していなかったか？

リスク・危機発生のメカニズムを理解していたか？

遵法精神、規範意識、倫理観に問題のある役職員はいないか？

（1）経営体質に根ざす原因

経営体質に根ざす原因については、①企業統治の未確立と②内部統制システムの未整備、運用不全という2つの観点から見ていく必要があります。

① 企業統治（コーポレート・ガバナンス）の未確立

企業統治が確立されていなかったことが原因で発生したコンプライアンス違反は、具体的には、脱線死亡事故、放射能漏れ臨界事故、ITシステム障害、違法添加物混入事件、リコール隠し事件、有価証券報告書虚偽記載事件、粉飾決算事件、談合事件などのケースで見られます。これらは、一般企業のほか、創業者一族の企業や同族会社でも散見されます。

企業統治が確立されていないとはどのようなことを指すのでしょうか。4つのケースを示します。

ア　企業風土や社風の崩壊

１つは、良好な企業風土や社風が崩壊していたことが原因であったケースです。たとえば、不正を助長するような企業風土、悪しき業界慣行を踏襲する社風、業績第一主義の社内体質、談合・バックリベートなどを容認する社風、仕事のためよりも取引先社員を含めた社員同士の娯楽のための過剰接待が横行する社風、上司の違法な命令にも従わざるを得ない絶対服従の社風、意思疎通の悪い社風など。いずれも企業の経営体質を根本的に改善していかなければならないにもかかわらず、経営陣にそうした認識がマヒし、企業統治が働かなくなったケースです。

イ　企業統治の専門知識の不足

２つは、企業統治に関する専門知識が不足していたことが原因であったケースです。たとえば、経営陣がコンプライアンスの意義、経営と資本の分離、業務監督と業務執行の分離など経営理論や会社法・金融商品取引法などの規制法規について知識不足であったり、社外役員（取締役、監査役）を設置せず、社会の論理より企業の論理を優先させたケースです。

ウ　取締役相互のけん制機能不全

3つは、取締役会（経営陣）メンバー相互のけん制機能が働かなかったことが原因であったケースです。

たとえば、経営トップの隠ぺい行動に対し暗黙の同意を与えるケースや、公正かつ毅然とした対応が決議されながら、その一方で「うまくやれ」と決議無視をほのめかすダブルスタンダードが存在したケースです。

エ　取締役に対する監視・検証機能不全

4つは、取締役に対する監視・検証が不十分だったことが原因であったケースです。

たとえば、監査役、外部監査人（公認会計士または監査法人）による監視が不十分であったり、内部監査の対象外として監査逃れをしたり、業務執行ラインから独立した内部監査機能がないなど、監査役、外部監査人の独立性が欠如していたケースです。

②　内部統制システムの未整備、運用不全

内部統制システムが機能しなかったことが原因で発生したコンプライアンス違反は、具

体的には、違法添加物混入事件、放射能漏れ臨界事故、脱線死亡事故、無断着陸・整備ミス放置事件、規制データ捏造事件、加工乳再利用事件、産地偽装事件、保険金不払い事件、顧客情報漏洩事件などのケースで見られます。

内部統制システムが機能していないとはどのようなことを指すのでしょうか。ここでは、3つのケースを示します。

ア 行動規範等の未確立

1つは、コンプライアンスにかかわる行動規範等が確立されていなかったことが原因であったケースです。

たとえば、規制法規、社内規程や企業倫理を無視するなど、そもそもコンプライアンスに関する意識が欠如していたケースです。企業の法令違反や消費者の健康・安全にかかわるコンプライアンス違反は、企業責任を問われるほか、不正行為や重大ミスを起こした従業員やそれを放置した上司も責任を問われるおそれがあります。生き残るために不正行為に目をつぶって営業活動を推進したケースもあります。担当部署がなく担当役員もいないため、職務の範囲が不明確で事業責任を確立できなかったケース、経理上の費用請求者と受領者の分離ができていなかったケースなどがあります。

また、内部統制システムにかかわるマニュアルの運用が形骸化していたこと（実効性の欠如）が原因だったケースです。

たとえば、〝慣れ〟により社内ルールを無視したり、不正を早期発見する社内のチェック体制が未整備または整備不十分、もしくは機能不全であったり、伝統に固執して過去の成功体験から抜け出せず、社内改革の機運がなかったケースです。

イ　不十分な業務監督・モニタリング体制

2つは、経営陣（取締役会）による業務の執行に対する業務監督体制が不十分であったケースです。

たとえば、業務の監督レベルでは、経営者の監督能力が欠如していたり、業務を監督する経営陣の体制が不十分であったり、業務の結果だけを重視してプロセスのチェックがなかったり、権限委譲したものの業務の進行状況のチェックを行う体制が確立されてないなどのケースです。

また、たとえば、業務の執行レベルでは、仕事のできる実力社員が独断専行するなど、スタープレーヤーに対する過度な依存があったり、同一ポストに長期勤務するベテラン社員の〝慣れ・マンネリ〟により重大ミスが発生したり、企業資産の管理が杜撰《ずさん》であるなどモニタリング機能も十分でなかったケースです。

ウ　企業集団の監督・管理不十分

３つは、企業集団（グループ子会社・孫会社等）の管理が不十分だったことが原因であったケースです。特に、最近のコンプライアンス違反は、企業集団の子会社、孫会社で発生するケースが増加しています。このうち、海外の子会社でのコンプライアンスや海外とのビジネスの過程で国内子会社がコンプライアンス違反を犯すケースが増加する傾向にあります。

日本から遠く離れて海外で商習慣も文化も異なる中でビジネスを推進していくのは並大抵のことではありませんが、現地にすっかり馴染んでしまった現地法人の日本人経営陣が、日本の不正競争防止法に規定されている外国公務員贈賄罪に違反するケースや、米国の海外腐敗行為防止法（ＦＣＰＡ）に違反するケースが起こりうるのです。あるいは、日本人経営陣が現地子会社幹部から浮いた存在となり、監督不十分の結果、不正会計などのコンプライアンス違反が発生したにもかかわらず本社からの指摘と現地監査まで判明しなかったケースもあります。後者のケースは、特に現地企業を日本側が買収（Ｍ＆Ａ）したような場合に発生しています。

こうしたケースは、結局、日本の親会社の監督、管理が不十分であったことが原因であると言わざるを得ません。

(2) 危機管理経営に根ざす原因

企業経営にリスク管理・危機管理という考え方を導入しなければならない時代がやってきています。そのための経営手法を、ここでは「危機管理経営」と呼ぶこととします。

危機管理経営に根ざす原因については、①リスク・危機の時間軸への認識不足、②リスク・危機発生のメカニズムへの無知、③リスク・危機対処の教育・研修の未実施という3つの観点から見ていく必要があります。

① リスク・危機対処の時間軸への認識不足

リスク・危機対処の時間軸への認識不足が原因で発生したコンプライアンス違反は、後述する3段階のリスク・危機対処という危機管理経営の基本ともいうべき知識について無知であったということです。

リスク・危機対処は、「事前対策」「応急対策」「事後対策」の3段階で行っていくのですが、特に「事前対策」が重要で、その成否がコンプライアンス違反発生後の対処と損害・損失に大きな差をもたらします。

以下、2つのケースでこれを説明しましょう。

ア〝性悪説〟的な対応の不存在

1つは、事前対策としていわゆる〝性悪説的対応〟が実行されなかったことが原因であったと評価されるケースです。

一般に、日本の企業では、従業員は悪いことをしないという性善説に基づいたシステムが広く構築されています。従業員の行動を逐一チェックすることもなく、パソコンの使用ログを保存することもなく、仕事は穏やかに進んでいきます。それ自体は悪いことではないのですが、こうしたいわゆる〝性善説的対応〟により企業の役職員の行動原理を推しはかり、信頼関係の上にシステムなどが構築され、またシステムの構築を怠り、結果として心変わりした役職員に裏切られたケースです。

退職従業員のＩＤ番号が消去されるシステムとなっていなかったために不正アクセスさ

れ、大量の個人情報が流出されたケースはこの典型です。事前段階でのシステム構築は重要です。

イ　反社チェックの見落とし

2つは、暴力団排除気運の高まりと「暴力団とは取引をしない」との原則が各界各層に浸透しつつある中、例えば新規取引先とのデューディリジェンス（事前調査）の一環として、「この企業は知っているので大丈夫だ」とか「この取引相手は社内役員の紹介なので大丈夫だ」と誤診し、反社会的勢力に関する事前チェックを怠り、結果として反社勢力との取引をしてしまったケースです。例外を認めないデューディリ・システムの構築が重要です。

②　リスク・危機発生のメカニズムへの無知

危機管理上のノウハウであるリスク・危機発生のメカニズムを理解せず、安全管理措置を講じることもなく、内部通報制度の活用によりコンプライアンス違反の芽を摘み取るという努力を怠たり、リスク管理・危機管理に関する教育研修も実施していなかったことが原因となったケースです。

ア　安全管理措置の未整備

リスク・危機発生のメカニズムは、後述するハインリッヒの法則やスイスチーズ・モデルの説明で示される理論です。これらは、重大事故発生の理論ですが、重大事件にも共通する考え方と捉える必要があります。コンプライアンス違反は、１：29：３００という確立の中で発生するとの前提で、多くの日常茶飯事の些細なミス、トラブルをなくす努力をすべきところ、これが欠けていたことが原因で発生することがあります。また、重大事件・事故は、複数のミス、トラブルが重なり合って発生するという考え方を知らずに、重畳的な対策構築を怠ったためにコンプライアンス違反が発生したケースです。

具体的には、入退出管理、防犯カメラ、ログ保存などの安全管理措置が構築されてなかったことが原因であったケースです。衛生管理が徹底されなければならない生産工場内に関係者しか入退室できないシステム（物理的安全管理措置）が構築されておらず、担当者でない者が自由に出入りできたため商品に異物を混入されたケースです。情報管理に関する従業員教育（人的安全管理措置）が欠如するなど安全管理措置が確立していなかったケースもここに含まれます。

イ　内部通報制度の不備

内部通報制度は、正式には、公益通報者保護制度と言いますが、この制度における通報者の保護が不徹底であったことが原因でコンプライアンス違反が発生したケースです。従業員が不正を発見して企業に通報する窓口である〝ヘルプライン〟の運用が不適切で、せっかくの通報を「大した問題ではない」と誤診して放置し、マスコミに通報され取材活動の結果深刻な問題であることが判明したケースや、〝お客様相談室〟に多くのユーザーから寄せられたクレームを長期間放置し、ユーザーの被害を治療した医師の通報により企業が重い腰を上げたケースがあります。後者のケースでは、1つ1つのクレームは断片的なものではあったのでしょうが、重大な問題が解明されない不正常な状態で長期間続くことにより、多くの被害者を出すに至っています。

また、内部通報制度について、「わが社は、人事管理、業務管理に万全を期しているので、この1年間1件の通報もありませんでした」と自慢する企業が過去にありました。膨大な人員を抱える企業で通報が1件もないというのは、この制度が健全に機能していないことを明らかにしているようなものです。

ウ　コンプライアンス違反の隠ぺい行為

2つは、コンプライアンス違反を隠ぺいしたことが原因であったと評価されるケースです。たとえば、社内調査でコンプライアンス違反は隠すのが当然という確信に近い考えを持っていたものの、マスメディアの問い合わせで隠しきれずやむを得ず記者会見を開催したケースはあとを絶ちません。企業の立場にいる者としては看過できない事態です。

これらのケースでは、「隠すことが最悪の結果をもたらす」という危機管理の要諦を理解できていないのです。

③ リスク・危機対処の教育・研修の未実施

ア　リスク感性・危機意識の醸成

1つは、リスク感性・危機意識が欠如していたことが原因であったと評価されるケースです。

リスク・危機対処のノウハウを役職員に教えていれば、このような対応はしなかったであろうというケースはたくさんあります。

例えば、「最悪の事態を想定して最善の措置を構築する」という危機管理の要諦は、〝最悪の事態を想定〟できるかどうかがカギですが、どのようにして想定するかが教えられていません。「備えあれば憂いなし」と言いますが、その〝備え〟はどのようにして生まれてくるのかが教えられていません。また、リスク・危機発生時の報告連絡体制が不十分、不正確でタイミングを失することにより、被害が拡大したケースもあります。

リスク・危機対処には、リスク感性・危機意識が不可欠です。それをどのように醸成していくか自己改革が大きな課題ですが、自分自身どうすればよいのかわからない状態です。教育・研修が重要な所以です。

また、組織的には、リスク管理・危機管理の専任役員やリスクマネージャーなど社内に専門家を育てることが大切ですし、実績のある危機管理経営アナリストなどの社外の専門家を、役員や顧問、講師として招請するなど、企業内外のプロから助言、支援を求めることも重要です。残念ながら、こうしたことができてない企業において、コンプライアンス違反が発生しています。

イ　他社の事例の検証不足

２つは、他社のコンプライアンス違反事例を教訓とする配慮が足りなかったことが原因であったと評価されるケースです。

他社で発生したコンプライアンス違反については、〝対岸の火事〟〈注1〉と見るのか、〝他山の石〟〈注2〉と見るのかが重要です。やはり、〝他山の石〟として自社の問題に置き換えることがコンプライアンス対策の第一歩です。これは教育・研修のポイントでもあります。それを〝対岸の火事〟視したために、他社で発生したのと同種のコンプライアンス違反が発生したケースです。

〈注1〉 〝対岸の火事〟とは、対岸で火事が発生しても、向こう岸の人々にとっては重大事案でも、当方に類焼、延焼するおそれがない自分にとっては傍観して推移をみるだけの些細な出来事でしかないという意味。

〈注2〉 〝他山の石〟とは、他人の山の（粗悪な）石でも（自分の）宝玉を磨くことができるという意味。他人の言動やほかで起こったことなどを自分のこととして教訓を得るという意味。

(3) 個人の遵法精神などに根ざす原因

個人の遵法精神や道徳心に根ざす原因については、まずは①コンプライアンスの意義についての無理解、②リスク・危機対処への認識不足、③コンプライアンス違反か否かの判断力の欠如という点から見ていく必要があります。

① コンプライアンスの意義についての無理解

そもそも、コンプライアンスとは何を意味しているかという大きな課題がありますが、これについては、後述の再発防止対策の項で説明します。

ここでは、2点ほど説明します。

ア 遵法精神、規範意識、倫理観の欠如

1つは、遵法精神、規範意識、倫理観の欠如が原因であったと評価されるケースです。たとえば、社会的な道徳心に欠け、何ごとも自己の都合を優先させ、周囲と融和協調をはかることができず、勝手で無頓着な行為によってコンプライアンス違反が発生したケースやギャンブル・浪費癖、反社会的勢力との付き合い、薬物依存などがあったケースです。

また、企業活動のあるべき姿に対する倫理感の欠如が原因であったと評価されるケースもあります。

たとえば、消費者優先への理解がなく偽装表示などの不正行為を見て見ぬふりをしたケースや、利益優先でインサイダー取引を行ったケースなどです。

また、領収書の分割精算など正規の会計処理をしなくてもよいと判断したり、組織に対する忠誠心が欠如していたり、物事をすべて上滑りの楽観的見通しに基づいて行動したケースです。

さらに、待遇や勤務状況への不満、上司などに対するうらみを持っていたり、業務に対する責任を回避したり、クレームのたらい回しをしたり、不健全な社内慣行を躊躇《ちゅうちょ》なく受け入れるケースです。

イ　法規制への無知

2つは、さまざまな規制法や罰則について知らないことが原因であったと評価されるケースです。

たとえば、独占禁止法違反、インサイダー取引、粉飾決算、内部告発の無視、個人情報漏洩、パワハラ・セクハラなどについて、どのような行為がその違反に該当するのか十分に把握していなかったケースです。

また、複雑な取引に対する理解が欠如していたことが原因であったと評価されるケースです。

たとえば、基本的に関係法令を知らないために、法令にのっとって業務を推進する意識に欠けたケースです。つまり、「この事案にはどのようなコンプライアンス違反が発生するおそれがあるか」ということについて把握・検討すらされず、コンプライアンス違反が発生したケースです。

② コンプライアンス違反か否かの判断力の欠如

さらに、何がコンプライアンス違反となるのかについて判断力が欠如していたためにコンプライアンス違反が発生することがあります。判断力の欠如とはどのようなことを指すのでしょうか。2つのケースを示します。

ア〝時代認識〟の欠如

1つは、リスク・危機への〝時代認識〟が欠如していたことが原因であったと評価されるケースです。たとえば、不正行為を許さない社会の変化についての認識が不十分で、何がリスク・危機かわかっていなかったケースです。

暴力団排除対策を例に取れば、全国に暴力団排除条例が施行され、対策の内容が従来の伝統的な考え方から変質・複雑化していることへの認識が必要です。

また、個人情報保護法の施行により個人情報の漏洩対策が必要となり、公益通報者保護法の施行により公益通報者の保護対策が必要となるなど、新たな法制度の導入により新たなリスク・危機が発生する可能性も増大し、ますます複雑・多様化しています。

さらに、〝安全・安心〟にかかわる事案に対する最近の国民の関心の高まりを認識していれば、偽装表示がどのような結果をもたらすかがわかったはずです。企業の〝安全・安心〟に対する取り組みに対して極めて高い倫理を求める消費者・生活者が増加しているという世の中の流れがわかっていなかったケースです。ベテラン従業員が永年にわたって同じ業務内容と業務手順にこだわって、意識改革ができないままにコンプライアンス違反が発生したケースです。

こうした〝時代認識〟が欠如していたためにリスク感性が働かなくなったケースです。

イ　知識不足、体験不足や個人的な特性

2つは、知識不足、体験不足から社会常識が身に付いていなかったことが原因であったと評価されるケースです。

たとえば、社会的弱者に対する配慮が足りずに誤った顧客対応をしたケースです。

また、個人的な特性が原因であったと評価されるケースもあります。

たとえば、信頼・尊敬する相談相手（上司、同僚など）を持っておらず、困ったときや悩んだときの相談相手もいなかったために独断専行でコンプライアンス違反に走ってしまったケースです。

3—コンプライアンス違反の再発防止対策

コンプライアンス違反を防止するためには、企業は、これを（1）経営体質強化のためのコーポレート・ガバナンス（企業統治）や内部統制システムの問題としてとらえ、企業内の組織再編、システム整備を行うとともに、（2）危機管理経営の手法を学びつつ、（3）企業の役職員の遵法精神などの浸透に努める必要があります。コンプライアンスを徹底するための〝魔法の杖〟はありませんが、こうした地道な施策を長期にわたって実行する決意とその実践によって初めてなし遂げられるでしょう。

（1）経営体質に根ざす原因への対策

経営体質上の課題は、①企業統治（コーポレートガバナンス。以下、「ガバナンス」と言う）の確立と②内部統制システムの徹底の2つであり、これが、コンプライアンス違反の再発防止策の重要なポイントとなります。企業において、コンプライアンスを徹底するためには、①②を基盤とする経営の仕組みを根本から見直すことが大切です。

①　企業統治（コーポレート・ガバナンス）の確立

企業がコンプライアンス違反を起こさないためには、まずガバナンスを確立しなければなりません。ガバナンスとは、企業経営（企業経営者）を規律するための仕組みを指します。株主から負託を受けた取締役が、企業不祥事の防止と業績の向上に向けて、企業の持続的発展のために、最適な経営を行っているかどうか監視（モニタリング）するための仕組みです。つまり、ガバナンスは、企業経営者が暴走し、企業自体や社会の要請に反するような形で事業が推進されるのをどうコントロールするかという点について、自律的規制と他律的規制という2つの観点で実行されます。

つまり、ガバナンスを確立する上で重要な要素としては、1つは、長い社歴の中で醸成されてきた企業風土、企業文化によって経営陣自身（経営トップのみならず、業務を監督する経営陣）を自律的に規制する方法です。もう1つは、社外取締役（または監査等委員たる取締役）を含め経営陣相互が監視・けん制すると同時に、経営陣に対し監査役が監視・検証するなど他律的に規制する方法です。これによる自律・他律という内外バランスのとれたガバナンスが保たれることになります。

そこで、どのようにガバナンスを確立していくかが大きな課題です。ここでは、ポイントを3つ述べます。

○良好な企業風土や社風をつちかっていくこと
○社外役員を含む取締役相互のけん制機能を強化すること
○取締役に対する監査役の監視・監査機能を強化すること

ア　良好な企業風土や社風の構築

1つは、良好な企業風土や社風を構築することです。

企業には、伝統的なしきたりや慣習があります。現在の企業の繁栄の基礎を築いた行動規範です。今日の繁栄はこの社風のおかげです。そのようなものが多くの企業に存在すると思います。その良き伝統を保持・継続させ、経営陣がこれに従うことが大切です。但し、良き伝統も、時代に合わなくなっているにもかかわらず固執することは許されません。古き陋習《ろうしゅう》を新たな伝統にどのように生まれ変わらせることができるか。これが経営者に課せられた義務でしょう。

イ　社外取締役を含む取締役相互の監視・けん制機能の強化

2つは、社外取締役を含む取締役相互の監視・けん制機能の強化です。

一般に、日本では、取締役や監査役等の社内役員については、経営トップによって選ばれた昇格組が多く、社外取締役等社外役員については友人・知人からの推薦組が多数であり、ガバナンスが効きにくい問題点も存在します。経営トップが自分自身にかかわる問題処理を自分自身で行うことは自己保身が付きまとうおそれがあるため困難を極めます。

また、重大なコンプライアンス違反の結果として「社長は辞任すべし」と進言する部下はいませんから〝裸の王様〟になりがちです。さらに、「私一人でやったんじゃない」という〝赤信号みんなで渡れば怖くない〟という安心感から、組織全体に不正行為がまかり通るという事態にも発展しかねません。実際にそういう事例が不正会計事件にみられます。このため、経営陣相互の監視・けん制機能が働いているかどうかを常に検証しながら事業を推進していかなければなりません。

この際、特に重要なのは、言うまでもなく独立社外取締役（複数）の機能です。また、会社法の改正（２０１５年5月施行）により可能となった新しいガバナンスモデルとしての監査等委員会設置会社における監査等委員の機能も重要です。監査等委員会設置会社は、取締役会の中に「監査等委員会」を設置し、監査役（会）を廃止するものです。監査役の権限が分かりにくいと考える海外投資家にとっては、権限がはっきりしている「監査等委員」の取締役が経営のチェックをすることは欧米諸国の一般的なガバナンスのスタイルに近づき国際基準に沿うことになると言われていますが、まだまだガバナンスが十分に発揮されていないとの批判も聞かれます。制度設計の変更により不要になった社外監査役を「監査等委員」に横滑りさせるケースが目立つことも一因かもしれません。

なお、取締役に対しガバナンス教育を行う専門家を社内に作ることは困難です（経営トップが自社の役員を教育してもガバナンスの強化にはつながりません）。こうしたガバナンス教育については、社外の専門家による教育・研修が可能なシステムが確立されることを期待します。

ウ　取締役に対する監査役の監視・検証機能の強化

３つは、取締役に対する監査役の監視・検証機能の強化です。

ガバナンスを実現するためには、経営陣が実質的にも形式的にも、合意・承認した中で持続的経営が実行されなければなりません。すなわち、法令遵守、効率的経営、危険管理、役員会の開催・記録保管など会社法上の要請に応えていくと同時に、こうした経営陣の判断の公正さを検証するため、平時においては監査役（会）と外部会計監査人（社外の監査法人）とが定例・随時の会合を開催するなど緊密な連携が求められます。また、有事（コンプライアンス違反の発生時）においては部外有識者からなる第三者委員会の判断を仰ぐことも必要です。

取締役や監査役を含め役員の責任とは、単にコンプライアンス違反の発生時に役員の辞任や降格などを行って良しとするものではありません。どういう仕組みやシステムの中で、誰が担当していたのか、なぜコンプライアンス違反が発生したのか、再発防止策はどう構築するのか。こうしたことを確実に追跡調査できる役員の責任体制が確立してこそ、ガバナンスの確立につながるのです。

エ「企業統治指針」(〝コーポレートガバナンス・コード〟)

「企業統治指針」(以下、「ガバナンス・コード」と言う)は、東京証券取引所(東証)が制定(2016年6月)したもので、その対象は東証1部および2部上場の2400社超の企業です。

ガバナンス・コードについて、東証は、「会社が、株主をはじめ顧客・従業員・地域社会等の立場を踏まえた上で、透明・公正かつ迅速・果断な意思決定を行うための仕組み」と定義しています。

この中で、5つの基本原則について述べられています。

原則1は　株主の権利・平等性の確保〈説明責任〉についてです。株主の権利の確保、株主総会における権利行使、資本政策(利益処理)の基本的な方針、いわゆる政策保有株

（持ち合い株に関する方針）、いわゆる買収防衛策（の導入・考え方）および株主の利益を害する可能性のある資本政策について述べられています。

原則2は、株主以外のステークホルダーとの適切な協働についてです。中長期的な企業価値向上の基礎となる経営理念の策定、会社の行動準則の策定・実践、社会・環境問題をはじめとするサステナビリティーを巡る課題、女性の活躍促進を含む社内の多様性の確保および内部通報（に係る適切な体制整備）について述べられています。

原則3は、適切な情報開示と透明性の確保についてです。情報開示の充実および外部会計監査人について述べられています。

原則4は、取締役会等の責務についてです。取締役会の役割・責務、監査役及び監査役会の役割・責務、取締役・監査役等の受託責任、経営の監督と執行、独立社外取締役の（4つの）役割・責務、独立社外取締役の有効な活用、独立社外取締役の独立性判断基準及び資質、任意の仕組みの活用、取締役会・監査役会の実効性確保のための前提条件、取締役会における審議の活性化および取締役・監査役のトレーニングについて述べられています。

原則5は、株主との対話についてです。株主との建設的な対話に関する方針および経営戦略や経営計画の策定・公表について述べられています。

3つの原因の対策

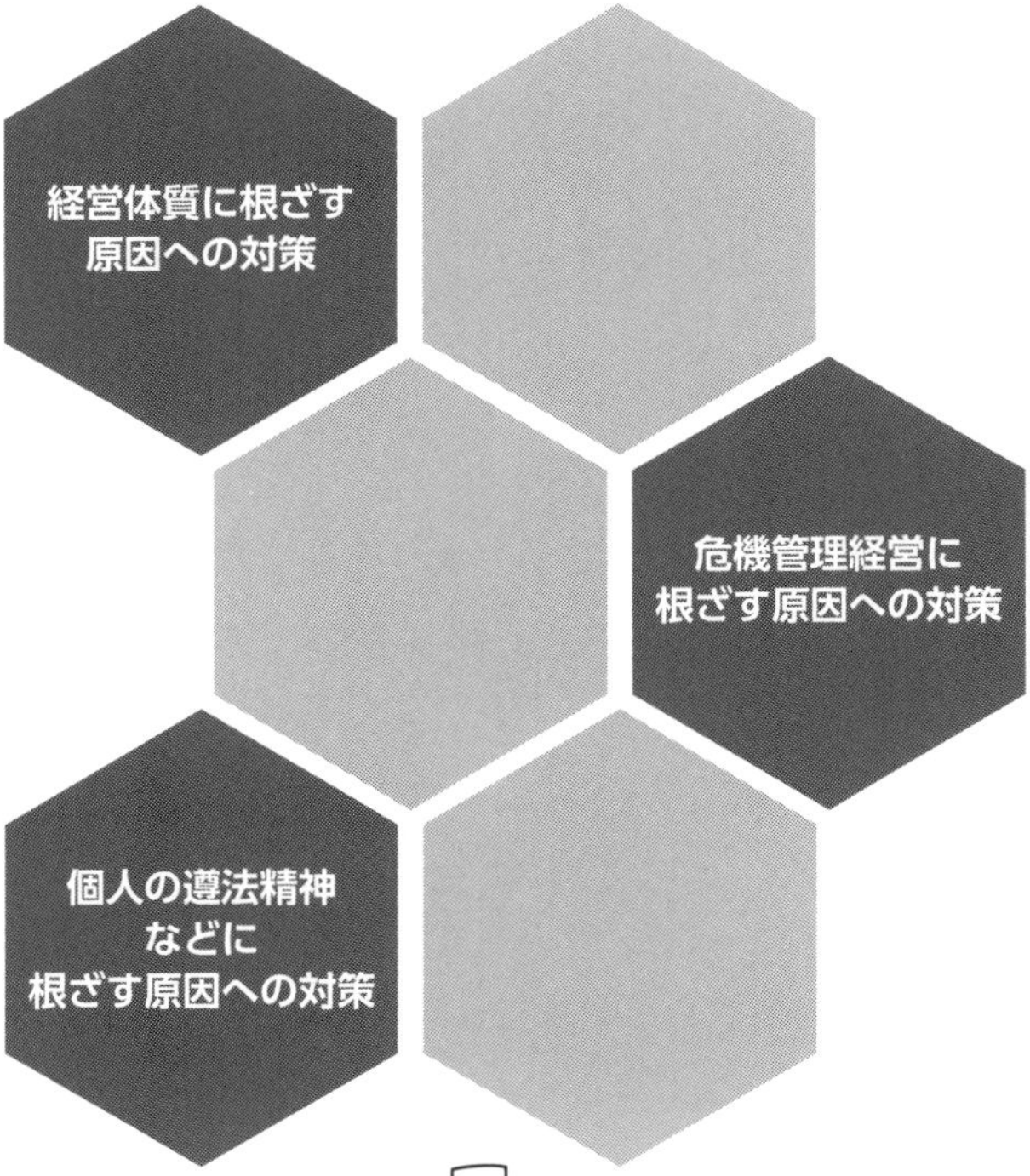

重要ポイント

企業統治（コーポレート・ガバナンス）の確立が必要！

内部統制システムの徹底が強く求められる！

リスク・危機対処のための3つの時間軸を学ぶ！

リスク・危機発生メカニズムの理解が重要！

コンプライアンスの意味を知ること！

対象企業は、以上の内容について、株主総会終了後速やかに「コーポレートガバナンス報告書」で開示する必要があります。

② 内部統制システムの徹底

内部統制（インターナル・コントロール）システムには2つの仕組みがあります。

1つは、会社法上の内部統制です。ここで、内部統制システムとは、「株式会社の業務の適正を確保する体制」を意味し、会社法第348条（業務の執行）、第362条（取締役会の権限等）、第416条（委員会設置会社の取締役会の権限）、第482条（業務の執行）および第489条（清算人会の権限等）に規定されています。株式会社の業務の遂行にあたり取締役の職務の執行が法令および自社の定款に適合するための体制その他必要な体制のことです。会社法上の大会社（資本金5億円以上または負債の部の合計額200億円以上の会社）は、この「内部統制システム」の整備を義務づけられています。

つまり、内部統制システムとは、コンプライアンス違反を起こさせないために、経営陣が企業（従業員）をどのように管理するかを意味します。別の言い方をすれば、内部統制システムは、企業がその業務を適正かつ効率的に遂行するために、社内に構築され運用されるプロセスのことです。ここで留意すべきことは、内部統制は、〝プロセス〟ですから、これ自体が経営そのものや事業の目的となることはなく、この〝プロセス〟を通じて経営目的、事業目的を達成するということです。

会社法においては、情報管理、危険管理、職務執行の効率性管理、法令遵守、企業集団、監査役の実効監査などのための体制整備を行うこととされています。「内部統制」という用語そのものは、会社法には規定されていませんが、内部統制は、「株式会社の企業統治の質の向上に資する」（会社法内部統制省令案第1条）ために実行するものという考え方が示されています。すなわち、内部統制とは、適正な「社内規律」または「社内管理」の確立の意味でとらえることができるのです。

もう1つは、金融商品取引法（金商法）上の内部統制です。内部統制については、上述した会社法上の要請のみならず、経営陣が、財務上の不正行為防止のために、どのような社内管理体制を整備しているのかを財務諸表の監査の視点でとらえた財務上の観点（金融商品取引法上の要請）をも包含した意味でとらえていくことが大切です。ここで内部統制システムとは、上場企業を対象とし、企業の財務報告の信頼性を確保する観点、即ちディスクロージャー（開示制度）の信頼性を担保する目的で、各種ルールを規定し財務監査を行うことを言います。投資家保護の観点です。このシステムの対象は、金融商品取引所に上場されている有価証券の発行会社その他の者で、政令で定めるもの（「特定発行者」）です。金商法上の要請として、統制環境、リスクの評価と対応、統制活動、情報と伝達、モニタリング、ITへの対応という「6つの基本的要素」が求められています。

内部統制システムを機能強化するためには、企業の事業体質をどのように改革していくかが大きな課題ですが、次の4点について推進していくことが求められます。

○企業理念等を整備すること
○実践的司令塔を創設すること
○モニタリング機能を強化すること
○企業集団の総合力を発揮すること

ア　企業理念等の整備

コンプライアンスを企業内に浸透させ強靭なコンプライアンス体質を作り上げるための

〝特効薬〟や〝魔法の杖〟はありません。やるべきことは、〝手を変え品を変え〟継続的にコンプライアンス活動と、これを体系化した「コンプライアンス・プログラム」を愚直に繰り返すことが大切です。そのために、経営トップは、オーケストラの指揮者のように企業の全体を見渡し、組織が一体となって活動するよう体制を整えて機能させていかなければなりません。

その中心に位置するのは、企業活動のバックボーンであり企業哲学が反映された企業の憲法たる企業理念および社員行動憲章などです。

(ア) 企業理念と社員行動憲章

企業理念の作成に当たっては、「信用重視」「人権尊重」「法令遵守・企業倫理確立」など、できるだけ覚えやすい簡潔なものとします。個々の企業理念が、どのような考え方から生まれたのかなどについての解説が必要です。また、その内容は、企業統治や内部統制システムを推進するという考え方が具現化された表現を含んでいる必要があります。と同時に、当然のことながら企業をアピールするものでなければなりません。

また、社員行動憲章の作成に当たっては日本経団連の『企業行動憲章』を参照することをお勧めします。

企業理念などは、策定後、これを社内外に公表することが大切です。具体的には社内にこれを掲げ、社内報で特集し、その活動状況について継続的に記事を掲載します。また、入社時には、新入社員に宣誓署名させ、すでに雇用している社員からは誓約書（署名押印）を提出させます。朝礼などで全員が唱和することも良いでしょう。名刺サイズのカードに企業理念などを印刷し、全従業員に配布し、会社案内、ホームページ、パンフレット、事業報告書などで対外的に公表するのがよいでしょう。

(イ) ガイドライン・マニュアルの作成

さらに、ガイドラインやマニュアルを策定して、その実践的な行動指針を示す必要があります。作成に当たっては、「公正妥当な事業展開」「信頼確保」「顧客第一」「目標管理」「報告・連絡・相談」「コスト意識の徹底」「公私混同の排除」「融和協調」「機密保全」「信賞必罰」などについて具体性を持った指針を定めると共に、「企業の社会的貢献」「個人情報の保護」などの新しい時代の流れに配意した具体的指針とします。

(ウ) コンプライアンス規程の整備

その上で、コンプライアンスの基本を企業の実務規程として定め、罰則規定を必ず盛り込み、各種規程に違反した者に対する処分を明文化します。何をすべきか、何をしてはいけないかを明確に示すのです。

そして、上司・部下（監督者と担当者）の責任、すなわち、監督責任と行為責任を明確にしておくことがコンプライアンスを徹底することになります。また、そのことによって発生時の個々の関係者の責任が明確となります。

（エ）社長通達等

一連の「コンプライアンス・プログラム」を社長通達あるいはこれに準じる最高レベルの社内通達として発出し、コンプライアンス活動について全社を挙げて取り組む決意を役職員全員に示します。また、社長訓示を行い、これを文書化、または宣言文に書き換えるという方法も効果的です。

社長通達などは、1回限りのものではなく、定時（コンプライアンス違反が発生していないとき）・随時（コンプライアンス違反が発生した直後）に発出させることが肝要です。ただ、その内容は、十分に吟味し、社外からの言われなき批判にさらされることのないように工夫が必要です。

（オ）社員への意識付け

コンプライアンスの趣旨が徹底されるかどうかは、社員への意識づけが極めて重要ですから、たとえばコンプライアンスに関する標語を社員から募集し、採用された標語については、その考案者を表彰します。また、次の〈参考〉に示すように、コンプライアンス・カード（名刺大）を作成して全従業員に携帯させ、さらに、社歌や標語を定例行事の際に唱和させ、組織への帰属意識を高め、遵法意識などを高揚させることも1つの方法です。

〈参考〉コンプライアンス・カード

1　あなたの言動は、当社の企業理念に反してはいないか？
2　あなたの言動は、法令や企業倫理に反してはいないか？
3　あなたの言動は、家族や友人にも伝えられるか？
4　あなたの言動は、お客さまやお取引先を満足させているか？
5　あなたの言動は、消費者や社会の要請にかなっているか？

イ　実践的司令塔の創設

企業が、どんなに素晴らしい「基本理念」「行動指針」「行動憲章」などを持っていても、それを誠実に実践しなければ、〝絵にかいた餅〟にも等しく、コンプライアンス対応ができているとはいえません。

コンプライアンスを実践するためには、企業内にコンプライアンス体制を確立する必要があります。たとえば、取締役レベルでは最高コンプライアンス責任者（ＣＣＯ）を任命し、組織としては強力な司令塔となるコンプライアンス委員会の設置とその事務局たるコンプライアンス部（本部）の設置、各部門におけるコンプライアンス・オフィサー（ＣＯ）の指定など新たなポストや部署、任務の創設が不可欠です。また、コンプライアンス活動は、定期・随時の報告が実行されるようなシステムの確立が必要でしょう。

(ア) コンプライアンス委員会の創設

コンプライアンス委員会は、内部統制システムを確立し、企業責任を明確にするための最高意思決定機関です。委員長は、社長（または副社長）が就任し、委員は各取締役または執行役員とします。

具体的には企業理念など全社的方針の策定・見直し、コンプライアンスに関する中長期計画のみならず、年間目標、四半期目標、月間目標、週間目標など短期計画を設定するなど、「コンプライアンス・プログラム」の実施状況、各種計画の進捗度などを定期的または随時に評価します。

委員会メンバーは各部門の代表者（たとえば、取締役、執行役員など）とし、部門ごとの任務を明確にしておきます。また、委員会の事務局は、コンプライアンス・チーム（COなどで構成）を編成し、各部門横断的な「コンプライアンス業務連絡会議」を開催します。なお、事務局員は、社内各部門から横断的かつ事業ごとに任命（担当業務との〝兼務〟も可能）するほか、本社各部門や子会社などにも担当者を置きます。

通常、コンプライアンス委員会そのものは、年に2回程度開催します。この間、「コンプライアンス・プログラム」を推進するために、名称にはこだわりませんが、小委員会、調査会、部会、プロジェクトチームなど（それぞれの小委員会等の委員長は役員を任命）を設置して、機動的に対処できるようにします。

内部通報や監査などにより、問題点が発見された場合には、その改善を図るとともに、関係者の処分について基本方針を示し、具体的なコンプライアンス違反については賞罰委員会などにおいて決定します。

コンプライアンス違反が発生した時は、緊急対処のため、コンプライアンス委員会を開催し、コンプライアンス委員会の名称・機能を衣替えし、「緊急対策本部」（または「オペレーションセンター」など）として「応急対策」に専従させます。

(イ) コンプライアンス部(本部)の新設

企業において、恒常的に企業理念を推進し、問題解決を図る部門として「コンプライアンス部(本部)」を新設します。たとえば、既存の「管理本部」を「コンプライアンス本部」に改編する方法や既存の「管理本部」を「管理・コンプライアンス本部」に名称変更して、業務内容を充実させる方法もあります。

新設されたコンプライアンス部(本部)は、その任務を明確にして具体的・実践的活動ができるようにします。まず、コンプライアンスの実践・推進の事業責任者および相談窓口(総務、人事、労務など)として経験豊かな担当者(担当幹部)を任命します。その基本的任務としては、次の3つが考えられます。

1つは、法令解釈(法務室など)の役割です。コンプライアンス違反に該当するか否かの判断や法令解釈について、弁護士や専門家との連携のもと、従業員からの質問や照会に対して担当窓口としての役割を担います。

2つは、「コンプライアンス・プログラム」を社内イントラネットに紐づけシステム構築を行う場合の担当としての役割を担います。

３つは、コンプライアンス違反が発生した場合に、事案関係を調査するとともに、社内関係部門や関係子会社、取引先などとの連絡、顧問弁護士、公認会計士・税理士、危機管理・ＩＴ専門家などとの連絡担当、監督官庁・警察署・税務署・労働基準監督署などの公的機関との渉外・交渉事務担当としての役割を担います。

(ウ) 関係部門に業務追加

実践的司令塔の業務を行うには関係部門の業務を追加し、その強化を図らなければなりません。具体的には次の２つを行います。

１つは、経営企画室の業務に内部統制を追加することです。

「経営企画室」では、リスク・危機を洗い出し、対処についての緩急・軽重、頻度などの政策的判断を行って、コンプライアンス違反事案の未然防止、発生時の損害・損失最小化などの対策に当たらせます。「リスク管理・危機管理」の全般は「経営企画室」が担当し、「コンプライアンス・プログラムの実践・推進」は「コンプライアンス（本）部」が担当するという考え方です。

2つは、広報室に新たな業務を追加することです。コンプライアンス経営戦略を推進し、商品・サービスの〝ブランド・イメージ〟を定着・発展させるために、テレビ、新聞、ラジオ、モバイル、ちらし・パンフレットなどを活用して、積極的に対外的広報活動（戦略的宣伝）を行います。

コンプライアンス違反が発生したときに、企業のイメージダウンを避けるために、積極的かつ誠実に広報活動・ＩＲ活動を実施し、説明責任を果たすのです。「広報室」は、経営トップの目であり耳であり口です。常に、社内各課および子会社などからの情報が一元的に集約されて入ってくると同時に、社内外に経営トップや企業自体の方針を説明する機関でもあります。

コンプライアンス違反については、どこまで公表するのか、何を公表するかなど、その範囲、内容などの判断に関し、経営トップとともに関与することが期待されます。

ウ　モニタリング機能の強化

コンプライアンス活動はすでに述べたような方法により実践することが大切です。それを担保するものとして、各種監査も必要です。たとえば、「コンプライアンス・プログラム」の実践状況、年間計画の進捗状況、達成状況などの調査・監査活動を定期的また随時行います。

コンプライアンス違反を防止するためには、個人の自己努力を一層高揚させる施策を推進する必要があります。と同時に、企業においては、たとえば、〝収入に見合わない生活スタイル〟〝サラ金業者からの頻繁な電話〟〝休暇を取らない勤務態度〟〝不自然な時間帯の出勤〟などのコンプライアンス違反の兆候を発見する努力も忘れてはいけません。もちろん、こうした兆候発見についてはプライバシーへの配慮が必要なことは言うまでもありません。

モニタリングは、〝双方向の監査〟活動が基本ですが、方法として以下を実行します。

○シークレット・モニタリングとオープン・モニタリング
○定期的モニタリングと不定期（随時）モニタリング
○本店と支店や本社と子会社の同一部門の突合検査
○上司の業務と部下の業務の突合検査

○〝ツーパーソン・ルール〟による監査活動

○無作為抽出・抜き打ちのモニタリング

監査結果は必ず信賞必罰に反映させることが大切です。何の対応もしない監査では監査の意味がありません。また、監査結果によっては従業員服務規程を改定し、処分内容を違反事実に応じて階層化、段階化するなど組織的に明確にしておくことが重要です。情状酌量基準についても明確化しておき、賞罰委員会などを設置し、第三者（部外有識者）をメンバーとし、処分の公平性を担保することにも配意すべきです。

また、上場企業の場合、ＩＲの観点から、監査結果は原則公開すべきです。企業にとって不利益なものほど積極的に公開する勇気を持つことです。この場合、不都合な部分、不正のあった部分については改善措置がただちに取られたことも併せて公開し、信頼を回復することが大切です。

さらに、内部監査室を監査役（会）指揮下へ移管し、経営陣から独立した公正・的確な監査業務を行うことも一案です。株主に代わって監査役が会社に対し株主代表訴訟を提起するなど、監査役はますます厳しい責任を求められるようになってきています。そのことを監査役に認識してもらう必要があります。監査結果によっては、当然取締役の選任・解任に影響が出てくることも考えられます。

エ　企業集団の総合力の発揮

(ア) 企業集団のコンプライアンス活動

企業の子会社、関係会社など企業集団は、社会的には、企業の親会社と同一視されます。子会社なども、その規模に応じて親会社と同様の「コンプライアンス・プログラム」を定め、コンプライアンス活動を行うべきです。コンプライアンスは組織内にまんべんなく浸透し、企業の体質となっていなければなりません。すなわち、コンプライアンス活動は、企業本社の一部の社員だけで実践するものではなく、グループ企業全体を見すえたものでなければ徹底されません。

(イ) 社外意見などの反映

コンプライアンスを徹底するためには社内においてはもちろん、取引先などとの連携やお客様相談室を設置して、お客様の率直な意見に真摯に向かい合い、誠実に対応することも大切です。その意味でも、商品・サービスのアンケート調査、お客様の意識調査など各種調査を行い、それら社外調査結果を分析して、より質の高いコンプライアンスを組織内に徹底していくことが大切です。

(ウ) コンプライアンス活動の是正

コンプライアンス経営を推進するに当たって作成した「コンプライアンス・プログラム」は、その企業理念などに、社会環境や経営上の理由から、その内容に付け加える必要のある事項が生じた場合においては、年度初めなどの節目の時期に是正します。また、各種コンプライアンス規程に不備が発見された場合においても、こうした節目に点検し、修正を加えることが必要です。さらに、コンプライアンス違反が実際に発生した場合には、再発防止のために、企業理念以下の「コンプライアンス・プログラム」全体を見直し、是正していくことが求められます。

(2) 危機管理経営に根ざす原因への対策

危機管理経営上の原因で発生するコンプライアンス違反を防止するためには、リスク管理・危機管理のノウハウを学ぶことで飛躍的に改善されます。

たとえば、〝報・連・相〟や〝報告の3原則〟（後述（3）④参照）などを徹底させたり、〝ツーパーソンズルール〟や〝指導員（チューター）制度などの集団責任体制〟を導入したり、コンプライアンス違反の監督責任を徹底させることも重要な再発防止策となるでしょう。また、隠ぺいは、しばしば最悪の結果を招くことを周知徹底させるべきでしょう。「ディスクロージャー（情報開示）」を徹底し、社会が求める企業情報を公開し、経営の透明性を高めることが大切です。経験則的には、ほとんどのコンプライアンス違反は、内部告発が原因となって発覚します。

ここでは、次の3点を推進していくことが求められます。

○リスク・危機対処のための3つの時間軸を活用すること
○リスク・危機発生のメカニズムを理解し公益通報者保護制度を含む対策を講じること
○規制法規を理解し安全管理措置等リスク・危機対処ノウハウを修得させる教育研修を行うこと

① リスク・危機対処のための3つの時間軸：「循環型危機管理」

企業がコンプライアンス違反という事態に陥らないためには、米国で広く知られている〝循環型危機管理手法〟の活用をお勧めします。〝循環型〟とは、具体的に危機管理手法を3つの段階のサイクルの中でとらえ、3つの段階のサイクルが循環するという考え方です。コンプライアンス違反への対処についても、こうした考え方が参考になります。

そこで、3つの段階のサイクルとはおおむね次のようなものです。

ア　事前対策（未然防止）

まず、第1段階は、コンプライアンス違反が発生していない平時の段階です。つまり、コンプライアンス違反を発生させない「事前対策」の立案・実施およびコンプライアンス違反が発生した有時の「応急対策」やコンプライアンス違反対処が収束した時に実行する「事後対策」の準備の段階です。

ここでは（i）コンプライアンス違反の発生を未然に防止するための各種措置、たとえば、コンプライアンス違反防止対策や（ii）コンプライアンス違反の発生した場合の影響を最小化するための措置、たとえば、対処マニュアルの整備などの「事前対策」を立案・実施する段階です。言うまでもなく、コンプライアンス違反は起こさないことが〝最善の策〟なのです。

ここで思い起こされるのが、「曲突薪《きょくとつたきぎ》を徙《うつ》すは恩沢なく、焦頭爛額《しょうとうらんがく》上客となすや」〈注〉ということわざです。このことを真摯に受けとめ、「事前対策」にこそ重きを置かなければなりません。それと同時に、この段階は、万一コンプライアンス違反が発生した場合の「応急対策」、およびその収束後の「事後対策」（再発防止措置や復旧措置など）を事前に準備しておく段階でもあります。

〈注〉火の粉の飛び散る煙突を見た旅人が、「煙突を別の方向に曲げたほうが良い」、「煙突のそばに置いてあった薪も別な場所に移して、火事を予防したほうが良い」と助言し去って行ったが、家人は、これを無視したため、後日、失火。たまたま通りかかった別の旅人が頭を焦がし額をやけどして消火を手伝い鎮火。家人は、この旅人を上客としてもてなしたが、果たして厚遇されるのは最初の旅人ではなかったかという逸話。転じて、災難が起こる前に防ぎ用心することが大切であるという意味。なお、後段の「焦頭爛額上客となす」は、本末転倒の意味として使われる。（漢書「霍光伝」より）

イ　応急対策（発生時対処）

第2段階は、実際にコンプライアンス違反が発生した段階です。つまり、有時の「応急対策」実施の段階です。「事前対策」を徹底していたにもかかわらず、コンプライアンス違反が発生した場合に、その「応急対策」を実施するのが第2段階です。

すでにコンプライアンス違反が起こっているため、事前に検討・準備しておいた「応急対策」上の対処方針、マニュアルなどに従い、ただちに緊急対処することによって具体的影響を最小化する段階です。

ウ　事後対策（再発防止）

第3段階は、こうしたコンプライアンス違反に対処し収束した段階です。つまり、収束時の「事後対策」実施の段階です。

この段階は、たとえばコンプライアンス違反への対処の反省教訓に基づいて再発防止措置を検討・実行する「事後対策」の段階です。

以上のように、コンプライアンス違反への対処は、平時の「事前対策」から、発生して

コンプライアンス違反対処に関する基本的考え方

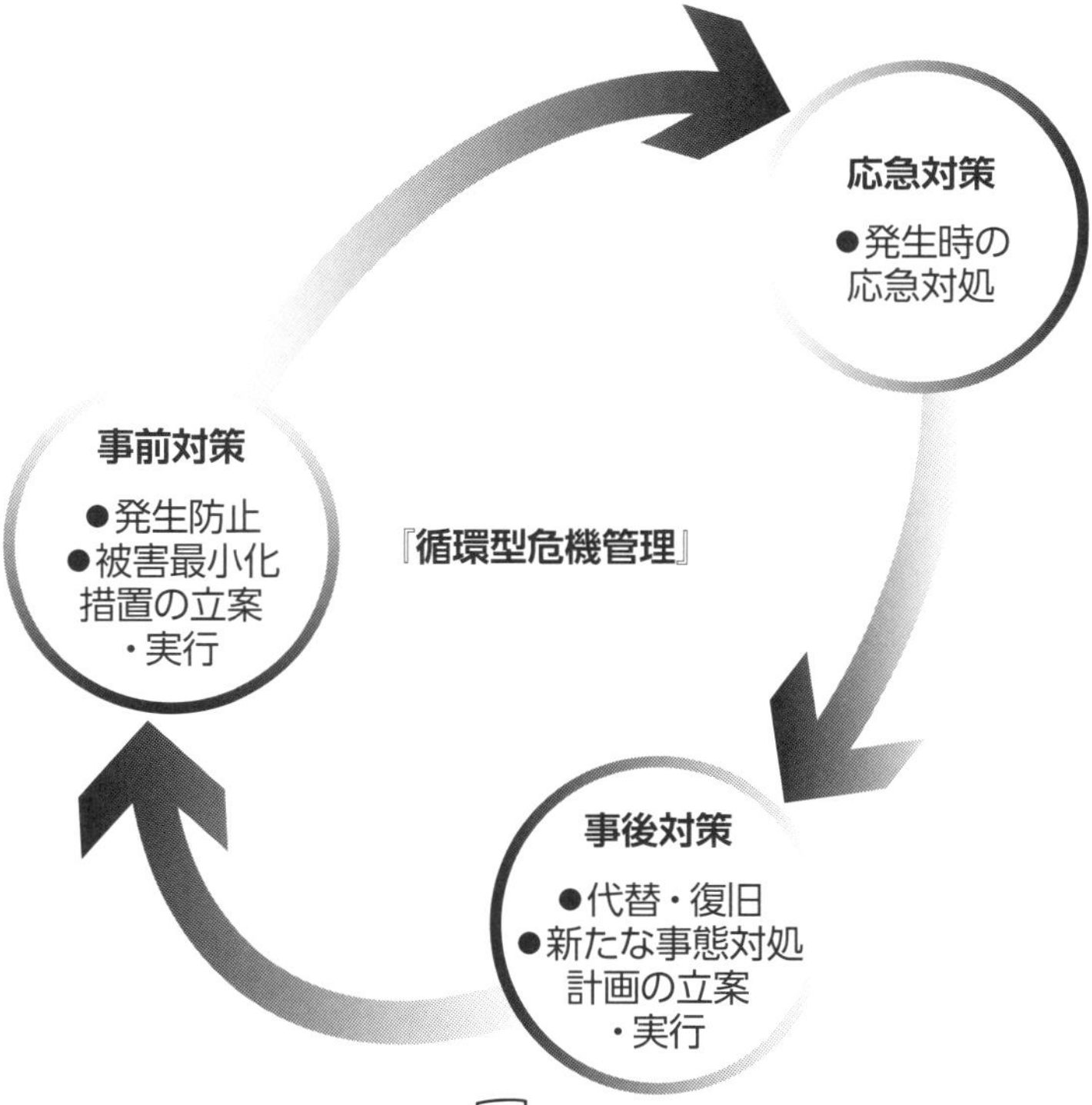

重要ポイント

“循環型危機管理”を！

新たな被害最小化のための対策を再構築！

しまった有時の「応急対策」や収束時の「事後対策」（再発防止対策）を経て、新たな平時の「事前対策」の段階に進むことになるのです。

このようにして、発展して循環するのです。これが〝循環型危機管理経営手法〟です。これを簡単に図示すると、前図のようになります。

② リスク・危機発生のメカニズム

コンプライアンス活動を推進するに当たって考えなければいけないのは、コンプライアンス違反がどのようにして発生するのかというメカニズムです。ここで、念頭に置くべき法則、モデルとして、〝ハインリッヒの法則〟や〝スイスチーズ・モデル〟があります。これらは、事故（重大ミス）防止のための考え方ですが、事件（不正行為）防止のためにも、参考となる考え方です。

また、内部通報制度は、不祥事を従業員から通報させてコンプライアンス違反の芽を摘んでしまおうとする制度ですが、最近の新たな制度設計の変更の動きを含めて、その強化がコンプライアンス違反の発生防止につながることが期待されます。

ア　ハインリッヒの法則とスイスチーズ・モデル

１つは、「ハインリッヒの法則」です。これは、１９３０年代の災害事故防止論です。なお、ハインリッヒは、アメリカ労災保険会社の研究部長（当時）です。

50万件以上の労災事故の分析の結果、１つの重大事故（accident）の陰には、29の軽症事故（incident）があり、さらにその奥には３００のトラブル・不都合（「ヒヤリ・ハット」事案）（irregularity）があったと言います。重大事故を防ぐには、その奥にある軽症事故やトラブル・不都合に対する日常の地道な対策が必要ということです。

２つは、「スイスチーズ・モデル」です。スイスチーズは、ご承知のように、穴だらけのチーズです。しかし、通常、その穴が一直線になってチーズの先が丸見えということはありません。このチーズの穴を企業活動におけるヒューマンエラー、施設・装備資機材などの不備、システムの欠陥等と置き換えると、それが一直線につながること（複数のミス・トラブルが重なること）は重大事故の発生を意味します。コンプライアンス体制の確立した組織においては、防止体制が機能しているため、仮に小さな穴が開いていても、穴は一直線につながるということはありません。こうした意味で、「スイスチーズ・モデル」という用語が使われます。

このことから、事故防止のためには、穴の存在をなくすこと（事故の原因をゼロにすること）

ハインリッヒの法則

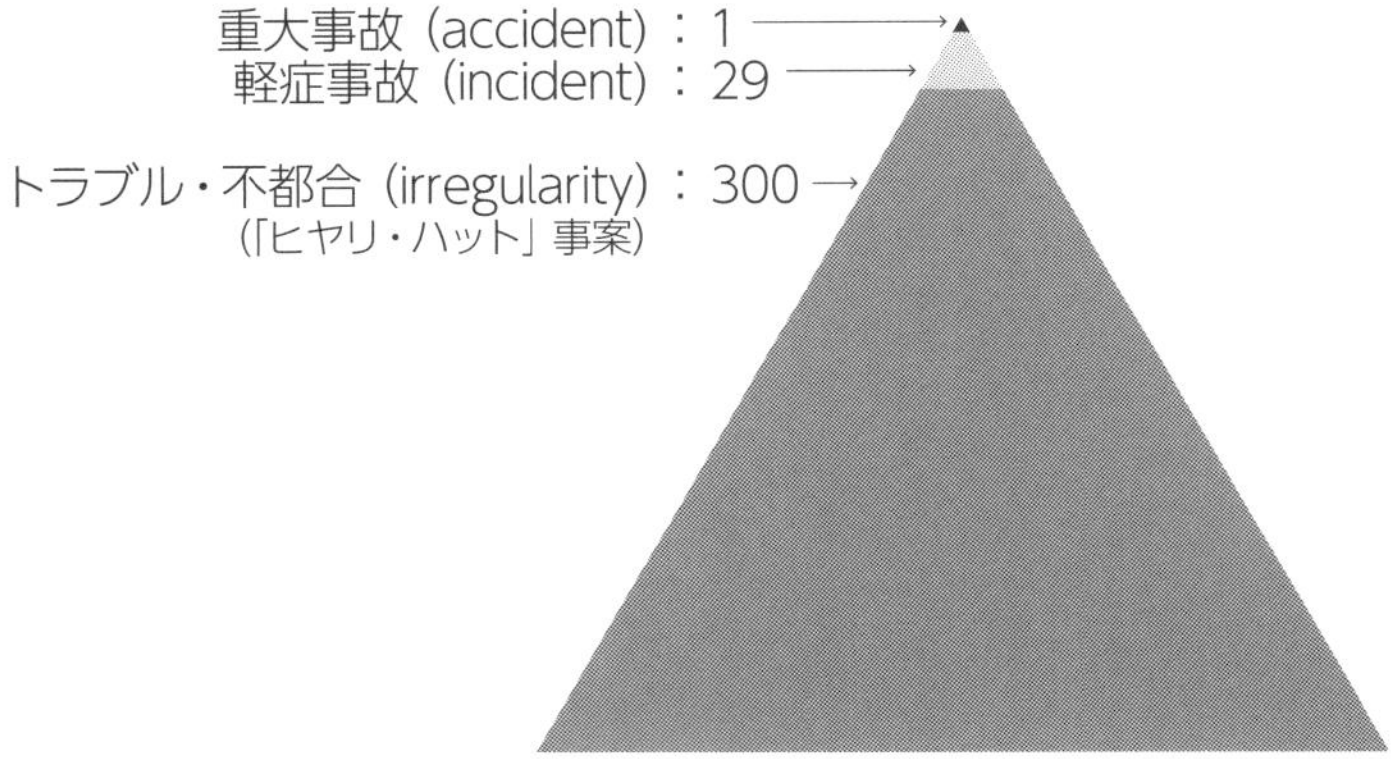

スイスチーズ・モデル

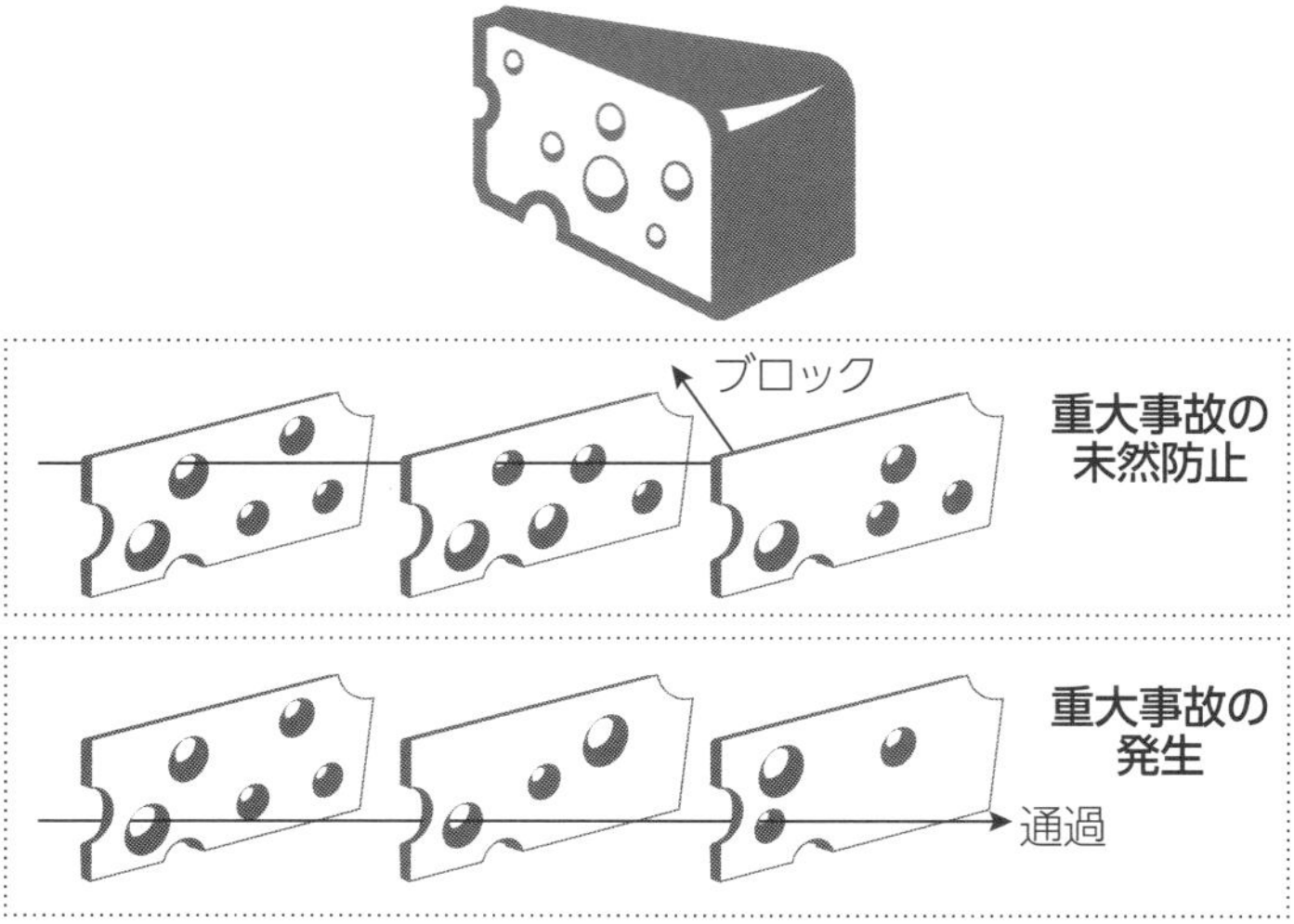

が理想的ですが、これは現実的ではないことから、実務上は、次のことが求められます。

○穴の数を減少させる（複数ある事故原因を減少させる）
○穴の大きさを最小化する（事故のリスクレベル、重大性を低下させる）
○スイスチーズの厚さを大きくする（事故防止体制を多層化する）

なお、「スイスチーズ・モデル」は、病院経営等における医療事故の防止に関しても取り上げられます。もともとは英国の心理学者J・リーズンの著書『組織事故』（日科技連出版社　1999年）で引用されたものです。

イ　内部通報制度の強化

内部通報制度（公益通報者保護制度）は、企業内のコンプライアンス違反を当該企業や行政機関、報道機関等に通報する制度で2006年4月に始まりました。当初、企業内のコンプライアンス違反を早期発見するため、従業員に不正の情報提供を求めたもので、大企業を中心に「ヘルプライン」などの名称で設けられていますが、制度の活用が十分でないため、内部通報制度を設けてもコンプライアンス違反が発生する企業が後を絶たない状況です。社内窓口には相談しづらいというケースを想定して、社外（例えば弁護士事務所、コンサルタント事務所など）に相談窓口を設置している企業もありますが、情報提供者の保護や情報の取り扱いについての経営陣に対する不信感から制度は形骸化しつつあります。

このため、政府（消費者庁）による公益通報者保護法の改正が今後の課題となってきます。たとえば、不正の情報を提供する「公益通報者」（内部通報者）は「労働者」と限定されていますが、これを「退職者」や「役員」にも拡大すること、提供された情報について企業は守秘義務を課せられること、内部通報者を不利益処分にした企業に対し是正勧告や企業名の公表を行うこと、行政機関として消費者庁が内部通報の一元的窓口となることなどが検討されています。

政府のこうした制度改正の方向性を先取りし、企業において、実効性の上がる内部通報制度に改編・整備し、コンプライアンス違反の早期発見と早期措置を期すように努めることが肝要です。

③ リスク・危機対処の教育・研修の推進

コンプライアンス活動についての体制が確立・整備されれば、次に重要なことは、企業の役職員に対するコンプライアンス教育・研修です。

定期的にコンプライアンス・セミナーを開催し、新たな企業の方針、体制について親会社の役職員のみならず子会社の役職員にも理解してもらいます。さらに、新入社員に対する教育・研修、人事異動後の新任ポスト教育・研修、上級幹部・中堅幹部・現場責任者・担当者などポスト・役職に応じた階層別教育・研修も効果的です。

教育・研修は一度限りではなく、日常的に発生するおそれのある事例について、〝手を変え品を変え〟継続的に実施して行くべきです。

これらの教材として、「コンプライアンス・ハンドブック」やビデオなどを作成・活用するとともに、部外講師による講話や事例の紹介も有効です。

ア「コンプライアンス・ハンドブック」等の活用

「コンプライアンス・ハンドブック」等の作成には、少なくとも次の項目を盛り込むことが必要です。

○〝安全・安心〟業務の適正手続
○製品の製造物責任者（ＰＬ）への対応
○個人情報の適正な取扱い
○ＩＴセキュリティ対策の推進
○企業秘密の漏洩防止と知的財産権の保護
○談合・贈賄などの不正取引禁止
○反社会的勢力〈注〉との関係遮断
○インサイダー取引防止
○知的財産権の侵害防止
○セクハラ・パワハラ禁止
○就業規則（服務規程）の遵守
○不正経理の防止
○人権侵害防止
○〝報・連・相〟の徹底

〈注〉反社会的勢力とは、暴力団、暴力団員、暴力団準構成員、暴力団関係企業、総会屋等、社会運動等標ぼうゴロ、特殊知能暴力集団等をさす（警察庁「組織犯罪対策要綱」２０１２年１月より）。

また、「コンプライアンス・ハンドブック」等の内容も、具体的でわかりやすく業務の特性に見合ったものとし、解説を付す必要があります。膨大な分量のマニュアルなどでは活用されないおそれがあるので簡潔な内容であるように配意します。各項目に〝チェック〟が入れられて自己診断できるタイプのマニュアルなども１つの方法です。

イ　テーマ別、階層別等の研修会の開催等

コンプライアンス全般に関することを基本としつつ、個人情報漏洩、インサイダー取引、贈賄、反社会的勢力などの個別テーマごとに掘り下げたものは、より具体的で理解を深めます。

このほか、コンプライアンス浸透状況を確認し、徹底するものとしてコンプライアンス自己判定シートや社内ｅラーニングの活用は有効です。

（3）個人の遵法精神などに根ざす原因への対策

個人の遵法精神等の課題は、リスク・危機に対し公正な評価と対処を行うことですが、そのためには、まず〝コンプライアンスとは何か〟という最重要課題を理解することが大前提です。〝何がコンプライアンスの本質か〟について再認識し、旧来の価値観をどのように新しい〝時代認識〟へと変えていくかが個人の遵法精神等に根ざす原因解明の重要なポイントとなります。たとえば、個人情報の保護、ハラスメント防止の重要性、長時間労働の改善などは、一昔前には考えられなかった新しい時代の価値観で、その理解が大切です。

そのためには、次の4点を推進していくことが求められます。

○最大の課題であるコンプライアンスの意味を理解すること
○〝時代認識〟を持つこと

○役職員が判断力を向上させること
○自己改革により遵法精神、規範意識、倫理観を高めること

①〝コンプライアンス＝法令遵守＋企業倫理の確立〟の理解

人間は、社会的存在として社会で生きていく限り、人間社会のルールに従わなければなりません。日本は法治国家ですから、日本の憲法、法律、政令、規則などに従う義務があります。そうした意識を堅持することが遵法精神です。

同じように、企業も、社会的存在として、社会で活動していく限り、企業社会のルールに従わなければなりません。ここでいうルールとは、憲法や事業を規制している法律、政令、規則などだけではなく、業界団体の自主規制基準や申し合わせ、そして企業内部の定款や規程など、さらには企業行動憲章、実践マニュアルなどのことです。企業は、こうしたルールに従って事業を展開していかなければならないのです。これは法令遵守の世界の話です。

それでは、憲法をはじめとする様々なルールだけを守っていれば良いのでしょうか。いえ、それらのルールは、遵守しなければならない最低限の決まりにすぎないのです。

法令遵守を超えて、人には道徳心というものがあります。「親孝行をする」「目上の人を敬う」「挨拶をする」「困っている人を助ける」「お世話になった人にはお礼を言う」「お年寄り、妊産婦、障がい者の方たちには席を譲る」「人が亡くなれば喪に服する」などなど……。

こうしたことこそ、社会の一員としての基本的ルールです。

ただ、道徳を守らないからといって、ただちに法律違反にはなるわけではありませんから、法的に処罰されることはありません。しかし、社会から非難されるおそれはあります。というのも、道徳は、社会で共同生活を送っている者にとって、社会生活の作法と考えることができ

コンプライアンス＝法令遵守＋企業倫理の確立

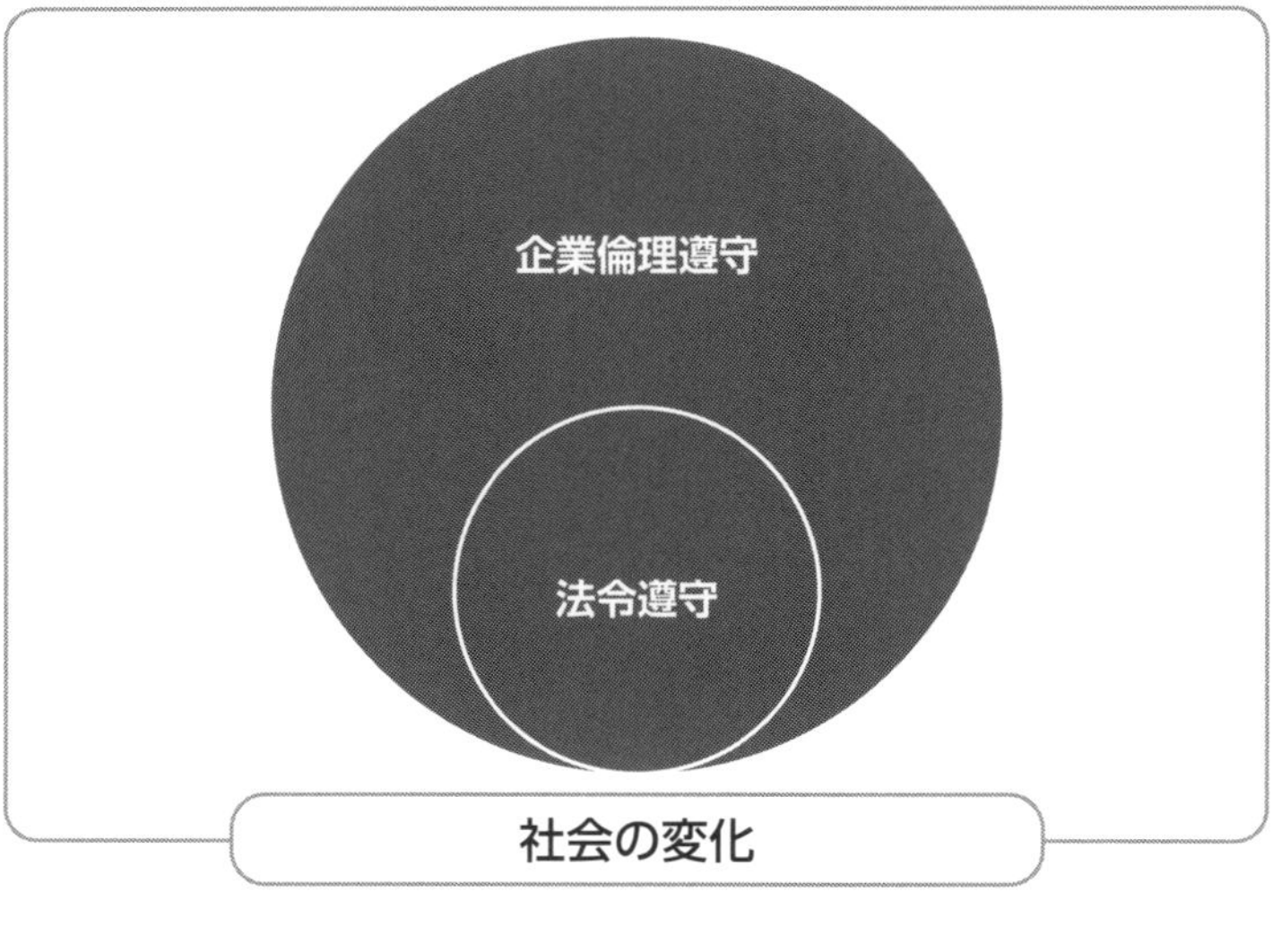

るからです。つまり、社会生活の作法が守られないということは、その社会に暮らす人たちにとって決して愉快なことではありません。となると、社会で生きていくためには、法律だけでなく、その社会が求める道徳も守っていく必要があるということになります。

個々人に道徳心が求められるように、企業にも法令遵守を超えて倫理観が求められるのです。これは、企業倫理の世界の話です。法令遵守も企業倫理も世間との約束なのです。

企業倫理を確立するという前提でいろいろな事業活動が成立しています。約束である以上守るのが当たり前です。守られないと、守られることを当てにして行動していた人たちは、まさに当てが外れ、何らかの損害・損失などの不利益を受けます。それはその当事者を含む事業活動が壊れることを意味します。

具体的事例をいくつか挙げてみましょう。

ア　鉄道脱線事故に見る企業倫理

1つは、死者100人以上、負傷者500人以上の大惨事となった鉄道脱線事故です。

この事故では、たまたまその列車に乗り合わせていた社員がそのまま事故現場を離れ、出社していたことが報じられました。この社員は上司に電話で事故報告をし、その指示に従って出社したのです。法令には何ら違反していません。しかし、「救助活動を行わなかった」として非難されました。また、他の社員の多数が、事故当日、ゴルフコンペ、ボウリング大会、飲み会、旅行などの行事に参加していたことも非難されました。大きな組織ですから、たまたま事故当日が社内行事と重なった職場があったものと思われます。社内行事ですから、きちんと届出をしているはずです。法令は遵守しているのです。コンプライアンスが、〝法令遵守〟だけを意味するのなら、この事例にはコンプライアンス違反はなかったと言えるでしょう。

しかし、ここで問われているのは法令遵守ではなく、企業倫理です。なぜ助けを求める大勢の人たちを前に救助活動をしなかったのか、なぜそうした指示が上司から出されなかったのか、なぜ多数の死傷者が出ている事故当日に、自分たちの楽しみ＝レクリエーション活動を優先させたのかという企業倫理、すなわちコンプライアンス違反があったのです。

一方、企業倫理の視点で見ると、素晴らしい事例もありました。事故現場の多数の近隣企業では、住民の人たちとともに救助活動を行いました。特にS製造会社では、社長自らが全社員を集めて工場の操業を停止し、ただちに救助活動に当たるよう指示したそうです。ほかにも、職務専念義務に違反して救助活動を優先させた多くの社員がいました。だとしたら、賞賛されたこちらの方が法令違反です。しかし、これは法令違反に問えないことはおわかりいただけるでしょう。

イ 「お客様相談室」に見る企業倫理

2つは、「お客様相談室」です。

どの企業でも、自社の商品やサービスを提供する際に商品そのものの表示やパンフレット、ホームページに必ずといっていいほど「お客様相談室」の案内（電話番号、メールアドレスなど）があります。

これは、何も「商品・サービスを提供するに当たってはお客様相談室を設置しなければならない」という法律があるわけではありません。つまり、法令遵守のために設置しているのではありません（ただし、消費者基本法には、事業者が苦情処理のための体制整備などに努めなければならない旨を定めた努力義務の規定はあります）。

企業が「お客様相談室」を設置するのは、提供した商品・サービスに関して、さまざまな相談、苦情、疑問、修理依頼などが出てくることを想定し、それらに真摯に対処しようとする企業倫理を確立するための第一歩です。「商品・サービスを提供すれば、それで企業の役割は終わり」とは考えていないということでしょう。つまり、企業自体の倫理行動なのです。そうした情報は、お客様と企業との懸け橋となって、さらに良質な商品・サービス開発にもつながります。

重要なことは、法令遵守という側面よりも（法令遵守は当然のこととして）、むしろ企業倫理確立の側面ではないでしょうか。少なくとも、発生した事案を〝法令を守っている〟〝定款、規程に従っている〟という観点（法令遵守）のみで評価するのではなく、その行為が〝企業倫理、一般社会道徳にもかなっているかどうか〟という観点（企業倫理の確立）で判断することが大切です。

② 〝時代認識〟の保持

ア　社会とのかかわり

企業倫理は、何を基準として確立すればいいのでしょうか。それは、人間社会の一員であり企業社会の一員である以上、社会とのかかわり（社会的要請）から生まれてくるものです。したがって、社会を無視・軽視すること自体がコンプライアンス違反となる可能性があるのです。コンプライアンスの根幹は、社会とのかかわりにあるのです。

このため、少なくとも次の2点を推進していくことが求められます。

○社会がどのように変化しているのかについての認識を高めさせること
○人として求められる社会常識とは何かを考えさせ身に付けさせること

では、社会は、企業にどのような倫理観を求めているのでしょうか。これが次の重要な課題です。社会は時代とともに変化しますが、変化しない倫理・道徳観もあります。それは、一般社会道徳にもかなっていると同時に企業倫理としても受け入れられるものです。では、その判断基準例とはなんでしょうか。以下に事例を示します。

○お客様第一の姿勢、取引先への公正中立な接し方
○挨拶励行と親切、丁寧、正直な対応
○お世話になった人にはお礼を言う
○失敗への潔さと反省の心
○お年寄り、妊産婦、障がい者や困った人に手を差し伸べる
○冠婚葬祭への温かい配慮（人が亡くなれば喪に服する）

社会は時代とともに変化します。社会の変化とは、科学技術の進歩、経済環境の変化、グローバリゼーションの浸透、法令改正・新規立法などに基づく企業に対する倫理上の期待感の変化です。国民意識の変化する時代に対する感性や洞察力は不可欠です。これは〝時代認識〟と呼ぶことができます。今日では通用しなくなっているにもかかわらず、過去の企業慣行を何の疑問もなく踏襲して、「これくらいはいいんじゃないか」という誤った認識が、コンプライアンス違反を起こしてしまうのです。社会の変化に気付かないところに判断ミスが生まれ、それがコンプライアンス違反になるというパターンです。企業の利益追求は大切ですが、社会全体の利益を無視・軽視してはいけないということです。長時間労働を主因として発生した高速バス死傷事故では、バス運輸事業者の社長から運転手に至る関係者が「これまで以上に安全・安心が求められる時代が到来している」という新たな社会的要請に気づかず、これを無視したツケが多くの犠牲者を伴う重大事故につながりました。いわゆる〝ブラック企業〟と名指しされる企業は、〝モーレツ社員〟を社員の鏡としてきた時代遅れの価値観を引きずっているのです。

しかし、この〝時代認識〟は、あくまでも今どのような社会が到来しているのかを見極める必要があるのですから、〝時代とともに生きる規範意識〟が大切です。

イ　時代の変化

では、今の時代をどう見るのか、つまりコンプライアンスの具体的判断を左右する〝時代認識〟について、ここで簡単に触れておきましょう。

１つは、全般的な流れとして、東日本大震災、Ｆ１原発の事故による放射能汚染の発生や食品偽装表示、欠陥商品の製造・販売、個人情報の漏洩・流出、安全走行のデータ改ざんなどから、身近な生活環境への不安感が広がる中で、「より確実な安全・安心を最優先に求める社会」の出現です。

２つは、〝失われた時代〟というこれまでの政治・経済的に長期閉塞化した時代における社会情勢の影響を受け、〝自分さえ良ければ〟〝ミー・ファースト（Me First）〟という風潮がまん延し、社会に迷惑をかけてはいけないという道徳心や倫理観が希薄化した社会の出現です。

３つは、従業員の高齢化、消費税増税、年金負担などによる企業間競争の格差が広がりつつある中で、企業は生き残りをかけて新たな展開を模索しているものの、〝どんなことをしてでも企業利益を優先しよう〟といった誘惑が生まれやすい不安定な社会の出現です。

4つは、ツイッター、フェイスブックなど費用制約のない全地球的コミュニケーション手段の普及により、情報の発信と評価が多様化・スピード化した社会の出現です。その影響は、プラス面のみならずマイナス面でも出現しています。

5つは、企業に対し、より強い規範を求め「消費者をないがしろにする不正行為や重大ミスを許さない社会」の出現です。規制緩和など企業活動の自由化が高まる一方で、ルール違反や倫理観の欠如に対する事後制裁がより強まってきています。

こうした時代の変化は、コンプライアンス意識の高まりの中で生み出されており、すべてコンプライアンス経営戦略に深くかかわってくることを企業関係者は留意しなければなりません。

③ リーダーに求める姿勢と判断力の向上

リスク・危機の兆候を見抜き、コンプライアンス違反の未然防止を図るためには、経営トップやビジネスリーダーの姿勢とその判断力の向上がカギとなることは言うまでもありません。

これについて、以下3点ほど述べます。

ア〝小心翼々〟としたリーダー

企業の信用を損ねることとなった事例の多くは、報告を受けた経営トップやビジネスリーダーが、初期の報告内容を軽視したために招いた初動措置の誤りです。

経営トップやビジネスリーダーは、どんな事案が発生しているかわからない段階で、「そんなものは心配ない」と〝大物ぶる〟ことは禁物です。事実関係が明確になるまでは、「ひょっとしてあんなことが起こっているかもしれない」「こんなことが起こったらどうしよう」と、〝小心翼々〟とした姿勢を堅持することが、危機管理の本質を知った真の経営トップやビジネスリーダーの取るべき姿勢と言えます。

リスク・危機の兆候把握、さらには、初期対応を的確に進めるために経営トップやビジネスリーダーに求められる必要な姿勢として配意しておくべきポイントを4つ挙げます。

1つは、とりあえずもたらされる第一報では、〝最悪の事態〟を想定することです。その際、事案の把握に必要な続報を求めるため、確認すべき事項や収集すべき着眼点を具体的に指示することが大切です。このためにも経営トップやビジネスリーダーには、沈着冷静な姿勢で判断する手堅さが求められます。

第一報に接して、特に注意しなければならないのは、「参考までに報告します」という、報告時の前置きの言葉です。報告者に他意はないのですが、この言葉を受けた側は、事案を軽く判断しやすく、判断上の〝落し穴〟になることもあります。〝参考までに〟を言われて報告される内容には「どうして〝参考までに〟と言っているのか」を注意する必要があります。

2つは、一見、軽微な事案だからといって簡単な処理で済むものと即断しないことです。本来、単なるトラブル・不都合で済むはずの事案でも、初期の段階で、〝先入観や思い込み〟や〝ボタンの掛け違い〟といったことから、問題を〝こじらせたり〟、〝あらぬ方向に飛び火したり〟する事例もあるのです。特に、クレーマー対策や顧客からの商品の不具合指摘事案などでは、第三者の視点で事案の質を見極めることが大切です。

３つは、コンプライアンス違反の疑いがあるとして報告されているにもかかわらず、経験不足や知識不足、あるいは決裁システムの不備や、判断ミスから経営トップやビジネスリーダーに報告する必要のないものなどと、誤った初期対応をしてしまうことです。経営トップやビジネスリーダーはこうした誤りが起こらないよう配意し、誤った対応の防止に努める必要があります。

こうした問題が起こりやすいのは、インターネット上で発生するハッカー事案やウイルスの侵入事案などであり、専門家や経験者の判断が極めて重要であることは言うまでもありません。また、反社会的勢力の関与が疑われる事案や原因不明のシステム障害の発生対応には、初期段階から知識や経験のある者に判断を求め、この種の事案の取り扱いに習熟した経験者の支援を求めることが大切です。

４つは、発生したリスク・危機については、担当者、担当部門の保身や管理・監督責任の追及回避のため、報告内容を矮小化し、ウソの報告や作為された報告が見られることがあります。

これは、報告者側のさまざまな事情によるとの見方がありますが、経営トップやビジネスリーダーは、報告のタイミング、報告の経緯と報告内容、報告者の言動などを勘案するなど、報告内容を鵜呑みにしない姿勢が大切です。

こうしたケースにおいては、とりあえず報告される内容や断片的な報告であっても即断することなく、多方面に、しかも速やかに裏付けを求める配意が必要です。

これまでの事例では、リスク・危機が予測可能であったにもかかわらず、コンプライアンス違反であるか否かを検討することなく「ちょっとしたミスによるもの」「誤解によるもの」と軽視・放置し、その後の調査で、経営責任とともに企業体質を問われ、経営トップが辞任に追い込まれる事態となったものもあります。

経営トップやビジネスリーダーは、報告内容に対して鋭敏な感覚で事案を判断することが求められ、報告の内容に疑義が生ずれば、タイミングよく、社内の動向のみならず社外の動きにも目を向け、事案をより正確に見つめる〝リスク感性〟を持つことが大切です。

イ 〝豊かなリスク感性〟を持つリーダー

リスク・危機に関連する報告、また、コンプライアンス違反の発生が疑われる報告には特に注意し、「なぜ、この時期に、この報告がもたらされたのか」に関心を向けてみることが必要です。リスク・危機を見抜く豊かな感性を保持するとともに報告の性格を正しく理解する感性を持ち、「どのような状態でリスク・危機が発生しているのか」「その事案がもたらす影響はどのようなものか」にまで、関心を向けることです。

そこで、ここでは、リスク感性を考える上で2つ述べます。

1つは、報告の性格とタイミングです。

企業活動のさまざまな状況を伝える〝報告〟、特に、リスク・危機に関連して初期の段階で断片的にもたらされる〝報告〟には、（i）幾人かを経て伝えられていること（間接的であること）、（ii）報告者の判断や推定事項が挿入されていること、（iii）入手時点から時間の経過に伴い事態に変化が見られること、（iv）

リーダーに求める姿勢、判断力
～コンプライアンス未然防止のカギ～

側面や裏面が伝わりにくいこと、（v）入手直後は、報告者の思い込みや錯覚・誤認を排除し難いこと、（vi）直接の目撃情報であっても、目撃した位置や状況など報告者側の事情により時として事実に脚色が加えられ、ある種の見方や推認、思い込みといったものが加わることなどから、その内容がすべて正しく伝えられているものとは限らないのです。

こうした報告の性格から、せっかくもたらされる報告を〝検証の目〟で見なければならない場合もあることを理解すべきです。

報告には、指示に応じて報告されるもの、また、対価を支払って報告してもらうもの、規則や規程に基づき義務として報告されるものもあります。いずれにしても報告者の報告行為は先に述べた報告者側の６つの事情が混在することには違いはなく、対価を支払っているから、義務に基づいた報告であるからといって、伝えられる報告がすべて正しいとは限らないことを知っておくべきです。

また、報告はタイミングによって効果が左右されるということです。有事における「報告内容」の価値は、もたらされる報告の時期やタイミングで決まるといっても過言ではありません。いかに伝えられる報告内容が貴重なものであっても、それが初動措置のあとであり、マスメディアに報道されたあとや対処措置の終わったあとでは、その報告は意味をなしません。

２つは、断片情報に対するリスク感性です。リスク・危機の兆候を直接伝える情報に接することはまれで、ほとんどの報告が断片的な情報によって伝えられます。したがって、報告を受ける側にリスク感性がなければ断片情報は無視されます。

初期に伝えられる断片的な情報の事例を、次のように、６つ紹介します。これらは報告の内容を軽視し、放置したため被害の拡大を招いた事例です。

(ⅰ)「社員の○○さんは、最近金づかいが荒い」と伝えられたものが、実際は取引先からの集金流用事案であった事例。

(ⅱ)「社員の○○さんは、営業途中によく怪しげな喫茶店に出入りしているという噂がある」と伝えられたものが、顧客の預かり金流用でノミ賭博を行っていた事案。

(ⅲ)「○○銀行は、暴力団と付き合いのある人でも融資が受けられるとの噂がある」と伝えられたものが、反社会的勢力への融資で不良債権事案であった事例。

(ⅳ)「子どもが腹痛で、病院で手当てを受けている。保健所が動いている」と伝えられたものが、集団食中毒事案であった事例。

(v)「取引のない不動産屋から土地を買わないかと電話がかかってきた」と伝えられたものが、個人情報の漏洩事案であった事例。

(vi)「車のブレーキがすべるようなときがあるとの訴えがある」と伝えられたものが、車両のリコール事案であった事例。

これらは、すべてコンプライアンス違反に発展したものです。経営トップやビジネスリーダーはこうしたことに十分配慮して、豊かなリスク感性で情報内容を判断することが大切です。

ウ〝腹をくくる〟リーダー

経営トップやビジネスリーダーは、コンプライアンス違反と判断した段階で、覚悟を決めることが大切です。誰しも、わが身可愛さから、自社のコンプライアンス違反を処理するのは嫌なものです。

しかし、経営トップやビジネスリーダーたるものは、そこを逃げ隠れせず「腹をくくる」こと、すなわち、覚悟を決め、確固たる姿勢で処理に当たることが大切です。覚悟を決めると、不思議に自分の取るべき正しい道が見えてくるものです。ここでは、次の3つに留意すべきです。

1つは、公正・中立な対処の姿勢です。

経営トップやビジネスリーダーは覚悟を決めることで、より公正・中立な態度で事案に臨めるのです。特に、突発的に発生するコンプライアンス違反には、それを真正面から見据え、正々堂々と処理する姿勢が大切です。すなわち、こうした姿勢のもとで判断し措置した結果が、どのような事態になろうとも、たとえ自分の将来に悪影響となったとしても、「ベストを尽くせば、それが本懐である」「自分の組織で起きたことであり、責任を果たす」との覚悟を持って事案に向き合うことが大切です。

こうした姿勢を取れば、担当者任せや、担当部門任せにしたり、隠そうとしたり、責任逃れやウソの発表をすることもなくなるのです。経営トップやビジネスリーダーの姿勢は、リスク・危機の発生で動揺して不安にかられている担当者、担当部門に大きな心理的影響を与えるものです。覚悟を決めて対応する経営トップやビジネスリーダーのもとでは、ウソの報告はもとより曖昧な処理は姿を消すことになるのです。

2つは、冷静かつ率先垂範する姿勢です。

リスク・危機の対応で大切なことは、経営トップやビジネスリーダーが冷静沈着に先頭に立つことで、初めて影響を最小限にとどめることができるのです。先頭に立って対処する気概を示すことが大切です。経営トップやビジネスリーダーが出陣しない合戦は負け戦になることは確かです。

特に、コンプライアンス違反が発生して緊急記者会見を開催し、世間の批判にさらされるのは嫌なものです。しかし、これを回避し、部下に責任を押し付けることなく覚悟を決めて腹をくくって対応すれば、心おだやかに臨むことができるものなのです。

3つは、自己保身を考えない姿勢です。

発生したコンプライ違反を「なぜ防げなかったのか」と叱責するのは簡単なことですが、非生産的です。経営トップやビジネスリーダーの役目で大切なことは、原因を正しく見つめることで教訓を見出し、再発防止に役立てることです。そのときに自分自身の保身を考えないところに活路が見いだされるのです。

④　役職員に求める報告姿勢と判断力の向上

リスク・危機の報告は、初期の段階ではコンプライアンス違反に起因する不正行為や重大なミスに発展する事案なのかは、わからないことが多々あります。

それだけに、不正行為や重大ミスといったコンプライアンス違反が予測されるものについては、現場や部下から報告が上がってくるシステムを作り、平素においても、これが実行されるように目を向けておかなければなりません。

経営トップやビジネスリーダーは、平素から初動措置のタイミングを逸しないためにも、リスク・危機発生時の報告要領について、部下を指導しなければなりません。役職員が留意すべき「報告の3原則」について述べます。

ア　とりあえず第一報

(ア)　即報が大原則

コンプライアンス違反発生の報告は即報が必要不可欠です。そのためには、どこにいても相互に連絡が取れるようにあらかじめ「緊急連絡カード」（緊急電話、メールアドレス、フェイスブック、ツイッター、ラインなどを記載したもの）を作成しておくことが重要です。

想定した事案が発生したとの報告や発生したのではないか（発生したおそれがある）との報告を入手した段階で、ただちに経営トップやビジネスリーダーまで即報させることが大切です。このように現場から直ちに報告が上がるような〝報告ルートのシステム化〟や、発生したコンプライアンス違反を認知した段階から少なくとも3時間以内に経営トップまで報告が上がる〝3時間ルール〟などの報告ルールを確立し、危険で致命的な現場限りの独断的な対処を排し、組織的検討をしておく必要があります。

報告要領は迅速な報告と迅速な措置が求められているときですから、短時間報告が原則です。普段から部下には長々とした報告は厳禁と指示しておくことも大切です。

(イ)〝六何《か》の原則〟(5W1H)は無視

平時は、いわゆる〝六何の原則〟に基づいた報告が行われますが、有事(緊急時)は、まずは第一報が重要となります。不十分な報告内容であっても、第一報を速報させることが大切です。第一報は、本来不十分なものです。不十分な内容は、第二報、第三報……と逐次、追加・訂正報告をさせて事案の実像をつかんでいきます。

第一報は上司、幹部にとって〝予鈴〟(事前に有事発生のおそれがあることの報告)の意味があり、上司・幹部の現在地(連絡先)の確認や、さらに事案発生直後の上司・幹部の行動を規制する目的があります。このようにして事案に正対する社内体制が速やかに構築されることで、的確な対応が可能となります。

(ウ) 第一報の間違いへの対応

第一報では、速報を要求する以上、時には間違った報告に接することがあります。このようなときの、上司、幹部は寛容な姿勢が重要です。大きく立ち上げた体制を〝一笑に付し〟、〝間違いで良かった〟と安堵して見せ、「間違った報告」を責めないことが大切です。間違いの理由を責めたて、判断の甘さを指摘するなどの態度を取っては、二度と迅速な報告は上がってこないと心得るべきです。こうした前向きな報告での間違いをマイナス評価しない姿勢が幹部には必要です。しかし、後刻、なぜ間違ったかについて部下に分析させて、これを報告させ、今後の参考として生かすことも大切です。

イ　悪い話ほど早く

(ア) 対策が早急に求められるのは悪い話のとき

悪い話とは、一般に重大事件、重大事故などが想定される事案であり、報告が遅ければ、事態は悪化の一途をたどります。平素から「悪い話があったらただちに報告する」習慣を付けさせておくことが大切です。断片情報でも悪い話は貴重な判断材料となることから、逐一報告させ報告者をプラス評価することも大切です。「不正行為または重大ミスの発生の疑い有り」との報告を受けた経営トップやビジネスリーダーは、直ちに「適切な措置」を取る義務があります。特に、ビジネスリーダーが取締役の場合、「適切な措置」を取らなければ善管注意義務・忠実義務に違反するおそれも出てきます。ともすれば、心地良い報告だけを求める上司、幹部がいますが失格です。

コンプライアンス違反を起こした企業の中には、そういう社風、企業文化がまん延していた事例がありますが、悪い情報が上がってこない組織のトップは、「これはおかしい」と感じるくらいでなければいけません。

(イ)〝飛び越え〟報告を許す社風

直属上司が不在であり、連絡が取れないときにその上司への報告を飛び越えて、さらに上の上司に報告することを許す社風が、迅速な対策の実行に不可欠です。後刻、直属上司への事後報告は必要です。事後報告を受けた直属上司は、〝飛び越え〟報告をした部下をほめてやるくらいの姿勢が必要です。

もちろん、直属上司に連絡が取れるのに、〝飛び越え〟報告するのはルール違反ですが、悪い情報ほど〝飛び越え〟報告が必要なのです。それほど、悪い内容が想定される報告は、対応の遅れが致命傷となる場合があり、迅速な対応が必要です。

(ウ) マスメディアの〝当たり〟やSNSの特異書き込みの即報

リスク・危機の発生に際しては、当然の結果として地域の警察署、消防署、保健所、労働基準監督署やその他の監督官庁がかかわりを持つことがあります。つまり、社外からもたらされる情報には、「警察官による聞き込みがあった」「本社に捜査関係事項照会があった」「保健所から問い合わせがあった」「労働基準監督署からの是正勧告があった」「監督官庁から呼び出しを受けた」などが含まれることがあります。これらの情報はコンプライアンス違反発生と重大事案への発展を想定すべきものであり、リスク感性を働かせる場面です。コンプライアンス違反の初動対応を的確に進めるためにも、平素から関係機関との有益な連携に努めることも大切です。

また、コンプライアンス違反に対するマスメディアの報道については、紙面の大小はもとより社会的反響にも関心を向けておくことが大切です。そのため、（ｉ）記事の扱われ方が、一面トップか、三面記事または地方版か、（ii）記者の取材体制が、社会部の遊軍（応援記者）までもが動員されているのかどうかなども判断材料です。また、報道や取材内容から監督官庁の関心の所在や雰囲気をうかがうこともできます。

マスメディアの報道を総合的に把握、分析することは、発生したコンプライアンス違反に対するマスメディアの関心の度合いを知ることができ、「ダメージコントロール」において、有効なものとなり得ます。

通常の企業活動において、マスメディアによる一般取材の要請とリスク・危機に関する問い合わせとは区別して対応する必要があります。マスメディアからのコンプライアンス違反に関する問い合わせは、〝当たり〟という言葉で説明されます。特に、マスメディアの特定1社のみが企業のコンプライアンス違反発生の事実を知ると〝特ダネ〟として大きく報道し注目を集めることとなるので注意が必要です。マスメディアは報道や記事印刷の前に必ず企業の責任者等に事実関係についての確認（〝当たり〟）があります。〝当たり〟があれば、必ず経営トップまで即報させることを鉄則にしておくことが大切です。深夜でも、たとえば、マスメディアの〝当たり〟に関する報告は、直ちに報告されるシステムになっているのかどうかを確認し、部下に徹底させておくことが大切です。

ウ　迷ったら積極的に

(ア) 部下の自己判断による迷い

部下（事案担当者）は、報告にあたって、時として事案の内容が軽微なもので報告に値しないのではないかと迷うものです。大切なことは、軽微かどうかは上司、幹部が判断するものであるとの指導が平素において必要です。また、部下は、すでに誰かから報告を受けて上司が知っているのではないかとの迷いや、特に、報道されたニュースやＳＮＳの書き込みなどは、誰かがもう報告しているのではないかと思い込み、報告を控えてしまうことがあります。有時には、上司がすでに知っているかどうかには関係なく、とにかく報告を励行させる習慣が大切です。

（イ）報告のＴＰＯ（時間、場所、場面）は無視

部下は、報告するＴＰＯが適切かどう

役職員に求める報告姿勢、判断力
～コンプライアンス未然防止のカギ～

とりあえず第１報	・速報が大原則 ・断片情報を無視しない ・5W1H は無視
悪い話ほど早く	・早急な対策へ ・飛び越え報告を許す社風 ・マスメディア”当たり”は即報！
迷ったら積極的に	・軽微判断は上司、幹部に！ ・報告 TPO は無視！ ・報告基準は上司、幹部から！

かでも迷いが出ます。しかし、即報すべき報告は、報告者が時間（深夜、土日祭日、休暇中、出張中など）、場所（廊下、エレベータ、訪問先、路上、自宅など）および機会（ＶＩＰとの会談中、重要会議開催中、食事中など）に関係なく報告することに価値があることを理解させることです。したがって、報告を受ける経営トップやビジネスリーダーもＴＰＯを無視した部下の報告を責めないことが大切です。

(ウ) 上司、幹部が報告の基準を教える

上司、幹部は、コンプライアンス違反か否かが不明なケースで、すべての事案を部下から報告されると報告の洪水に見舞われることになります。こうした状況下においても「そんなことまで報告するな」は禁句です。「ありがとう」「だけど、今度からは、〇〇という状況のときに報告してくれよ」などと報告の基準を具体的に示すことが大切です。

その報告の基準とは、すでに述べたように〝事案・事態の変化〟です。〝変化〟とは、通常の状態からの〝変化〟や〝新たな状態の発生〟などであることを、具体的に示しておくことです。

リスク・危機を見抜くには、発生した事案について「何が、問題なのか」「それはどのように解決できるのか」といった素朴な疑問に向き合い、これを打開する意欲が必要です。

言い換えれば、「何が異常なのか」を見分けるセンスが必要であり、これがリスク・危機を見抜くポイントであるといえます。

「何が異常なのか」を見分けるには、業務が通常「どのような流れであるのか」「そのチェックは誰がどのようにしているのか」を掌握しておくことが必要です。つまり、掌握の内容を「リスク・危機を見抜くに必要なレベル」、すなわち、製造工程はもとより、原材料の管理やチェック、商品管理や安全性のチェックの実態掌握にまで高めておくことです。これが〝変化〟を見抜くポイントです。すなわち、通常業務では起こり得ない商品の異常（異臭、変形など）、さらには、操作ミスによる人身事故といったリスク・危機の根源を見抜くための秘訣ともいうべきポイントです。今日の企業をとりまく環境は、事業の拡大傾向とともに業務の流れの掌握が困難で完全とは言い難い状況です。つまり、こうした問題を克服するため、今日の企業は業務の流れを事業別に分担し〝変化〟を見抜くための方策に多くの目を注ぎ、リスク・危機の未然防止に努めなければならないのです。

企業は創業時から、事業展開にまつわるさまざまなリスク・危機を想定し、これをクリアして業務を開始しています。したがって、通常では不正行為や重大ミスは起こり得ないと考えがちです。しかし繰り返し述べますが、リスク・危機はこうした通常の業務の過程で発生しているのです。また企業は、市場や事業をとりまく環境の変化に伴い、これまでの業務の流れを変更せざるを得ない場合があります。

これまでのコンプライアンス違反の事例を見ますと、その大半が「原材料の変更やチェックミス」「製造ラインの変更」「仕入れ先の変更」「商品管理のチェック変更」「担当者の交代」「複数チェック体制の形骸化」「原則遵守の形骸化」「未テスト部品の使用」「冷蔵保管徹底ミス」など、業務の流れを把握し、着意、着眼を持って見ていれば、〝変化〟すなわち、「異常な流れ」「通常業務では起こり得ないミス」を見抜くことができた事案とも言えるのです。たとえば、使用する原材料を変更した事例では、現場から「わずかながら変色や異臭が見られる」との報告を、「原材料の変更による一時的なもの」と判断したため、対応が遅れ、企業の存続が危うくなる事態に発展したケースがあります。経営トップをはじめリスク感性豊かな担当者が、こうした制度変更の下で生じる異常な現象にも問題意識を持って対応していれば、コンプライアンス違反を未然に防止できたことは、結果が示しています。

一方、事案の状況によっては、「変化なし（異常なし）」という報告も必要になります。多くの部門から一斉に報告を求める場合、事態が膠着状態に陥って変化のない状態が継続している場合などに、上司への確認の意味で「変化なし（異常なし）」と報告を行う場合があります。

⑤ 自己改革の実践

個人の遵法精神、規範意識、倫理観を向上させるためには自己改革に努めることが重要なポイントとなります。もちろん、これには積極的な自己啓発を求めさせることも大切ですが、役職員の遵法精神等を向上させる方法として、コンプライアンス違反の結果として起こりうる悲惨な状況（例えば、マスメディアによる集中報道、SNSの書き込み、逮捕、懲戒免職・降格・退職・転勤、家族の転居、損害賠償請求、生活苦など）を事例を挙げて説明することも有効な場合があります。たとえば、飲酒運転などの誤った行動が、どのような結果をもたらすか、しっかりと認識させることも有効でしょう。

自己改革は、並大抵の努力で成し遂げられるものではありませんが、コンプライアンス違反を発生させないためには、少なくとも次の3点を推進していくことが求められます。

○企業活動とその目的、着眼点を理解させること
○自己改革の強い意志を持たせること
○コンプライアンス違反を犯したあとの悲惨な事態を予見させること

また、役職員に対し具体的かつ詳細な目標、着眼点を付与することにより、業務に対する意識を高めることで自己改革に結びつけることも可能です。〝関心がない物事〟には、「注意もしないし、興味も起こらない」と言われます。リスク・危機の兆候を見抜くという目標を設定し、その〝着眼点〟を役職員に示すことが必要です。

なお、経営者には、善管注意義務（善良な管理者としての注意義務）・忠実義務（忠実に職務を遂行する義務）についての認識も必須です。「コンプライアンス違反が起こっているとは知らなかった」「部下のやったことをいちいち責任は取れない」などと主張する経営陣が一部企業で存在することも問題です。こうした経営陣の認識不足がコンプライアンス違反を招くことになるのです。

コンプライアンス違反に関し経営陣の責任逃れは許されません。なぜなら、経営陣には、違反行為を防止するコンプライアンス体制、仕組みを整備・機能させなかった責任、違反の報告が上がる仕組みになっていなかった責任、違反を発見するためのチェック体制が機能しなかった責任などが重くのしかかってくるからです。たとえば、ＰＬ法、個人情報保護法、不正競争防止法など、お客様の安全対策を怠らないように、株主利益の保護をないがしろにしないように、また従業員の安全配慮義務に違反しないように、具体的な施策を実行することが、善管注意義務や忠実義務を遵守することになるのです。

こうした認識については、経営陣の自己改革が必要です。

コンプライアンス違反は、構造的には、経営体質にその原因があり、経営戦略的には、危機管理をベースとした各種ノウハウの無知やシステムの欠陥にその原因があり、行動科学的には、個々の役職員の遵法精神、規範意識、倫理観の欠如にその原因があります。

しかし、そのいずれも、結局は企業人としての遵法精神等の問題に収れんされます。そして、これは地道な自己改革を長期にわたって実践することで初めて成し遂げられるのです。このことを肝に命ずべきでしょう。

第Ⅱ部
コンプライアンスでは解決できない災害等緊急事態

第Ⅰ部で述べたコンプライアンス違反にかかる重大事件や重大事故への対処は、発生防止（prevention）が重点です。もちろん、万一発生してしまえば、発生後は、被害最小化（mitigation）が重点となります。

これに対し、第Ⅱ部で述べる自然災害、広域感染症、サイバー攻撃、国際テロなどの緊急事態（以下、「災害等緊急事態」と称します）については、企業においてどのような対策を構築しようとも、その発生は不可避です。もちろんコンプライアンスを徹底しても、防げるものではありません。したがって、ここでの対処は、発生前も、発生後も、被害最少化（mitigation）が重点です。リスク・危機の発生前も、発生することを前提とした対策（例えば、耐震補強）を構築し、実行に移すとともに、発生した後も損害・損失の最小化（例えば、救出救助活動、経営資源の確保など）が重点となります。

なお、災害等緊急事態に関する記述は、紙面の限りもありますので、簡単にご説明することとします。

第3章

災害等緊急事態が発生した時にやるべきこと

さまざまな災害等緊急事態について、個別に対処策を述べることは割愛し、ここでは、一般的な対処策について述べることとします。

1——初動措置

(1) 対策本部の設置等

災害等緊急事態が発生した場合、突然の出来事であり、何から手を付けていいかわからないことが多いと思われます。そこで、大事なことは、発生している災害等緊急事態に関する情報を収集するにせよ、対策を実施するにせよ、要員が必要になります。

あらかじめ指定されてあれば理想的ですが、そうでなくとも、まずは役職員を含めて必要な人員を緊急参集させることです。たとえば地震かサイバー攻撃かテロか、災害等緊急事態の態様に応じて、それに精通した役職員の緊急参集が望ましいのですが、災害等緊急事態は勤務時間帯に発生するとは限りませんから無理はできません。勤務時間帯であれ勤務時間外であれ、あるいは土曜・日曜日、祝祭日、休暇期間中であれ、可能な限りの人員を呼び集めて、「対策本部」を作ることが大切です。

「対策本部」の任務については、第I部第1章の初動措置のところで述べた編成に準じるものとするのがよいでしょう。また、その設置場所や必要な資機材、備品等は社内各署から臨時に調達してください。徹夜その他長期になることを予測して、水、食料、寝具等の準備も必要になることがあります。

「対策本部」ができれば、だれの指揮下で緊急措置を講じるのかを決めなければなりません。「対策本部」を立ち上げた時点で、経営トップが社内にいるとは限りません。事業所にいる出来るだけ高位の役職員が指揮を執り、必要な情報収集について指示し、「応急対策」の実行を指示することになります。遅れて参集した、さらに高位の役職員がいればその者の指揮下に入り、また遅れて参集した従業員についても、必要な対策班の要員として勤務するよう指示します。こうして指揮命令系統を確立することが重要です。

「対策本部」では、後日の検証、すなわち次に災害等緊急事態が発生した時に的確な対処ができるように準備するための活動状況の記録化が必要です。その要員も確保する必要が

甚大な損害・損失が発生した時にやるべきこと

■対策本部の設置

緊急参集、対策本部、指揮命令系統、記録化

■経営資源の被害状況確認

ヒトの安否確認、モノの被害確認、
カネの被害確認、情報・データの被害確認

■役職員等の安全確保

避難誘導、備蓄品の配給、帰宅困難者への配慮

■二次災害の防止

立入禁止措置、危険情報提供

■自社の被害状況の発信

取引先、主要顧客、関係当局への配慮と、
コミュニケーション回復

⇒ **リスク・危機に対応**

重要ポイント

対策本部要員を参集！
経営資源の被害状況を確認！
役職員等の安全を確保！
二次災害を防止！
被害状況を外に発信！

あります。この記録は、主要顧客、取引先、金融機関等との関係で、後日起こりうる監督官庁への報告、臨時融資申し込み、臨時取引等の支払い、商品・サービス提供の遅れによる契約上の条文確認・契約破棄、各種損害賠償請求等への対応、社内責任体制の確認、超過勤務の支払いなどのための資料ともなり重要です。

（2）安全確保と経営資源の被害状況の確認

「対策本部」の立ち上げと指揮命令系統が確立すれば、次は、この「対策本部」で何をやるかです。ここで重要なことは、「ヒト」「モノ」「カネ」「情報」という経営資源の被害状況の確認です。

まず、災害等緊急事態の態様にもよりますが、何よりも「ヒト」の安否確認が最優先の措置です。たとえば大規模広域地震の場合には、時間帯等にもよりますが、施設内あるいは施設周辺の役職員その他施設に在館中のビジネス関係者、施設利用者、見学者、保守・点検・清掃担当者などの安全確認と、危険な場所からの避難誘導です。けがをした人、気分の悪くなった人はいないかの確認。その他連絡の取れない人の安否確認も優先事項です。

また、施設内にいる役職員その他関係者の中には、「自宅の高齢者や幼児・児童をはじめ家族が心配で、帰宅したい」と要望する人たちも出てくるでしょう。しかし、東京都の場合には、東京都帰宅困難者条例（２０１３年４月）が施行されており、一斉帰宅を抑制して３日間、役職員を会社に留め置くことが求められています。

「ヒト」の次は「モノ」の被害確認です。建物、設備、工場など大型の物件からロッカー、机・椅子などの備品類そして大切な契約書の原本まで、その被害状況の確認です。いつまでに復旧させられるか、その費用は？といった計算も必要です。サイバー攻撃の場合には、コンピュータの稼働状況を確認し、迅速な一斉通信遮断が必要です。

同時に「カネ」の被害状況の確認も必要です。企業内に現物留保されていたキャッシュ、備蓄されていたゴールドなどが失われていないかの確認が必要です。通帳・印鑑も、これに準じます。こうした被害状況の確認のほか、資金確保も大事です。災害等緊急事態の発生による収入減、収入停止と給与支払、取引先支払の継続のための資金確保が大切です。復旧・事業再開のための臨時資金確保が必要になるケースもあります。

そして「情報」です。パソコンなどの情報機器はもちろんのこと、膨大な秘密文書・図面やデジタル化されたデータの被害状況、社内イントラネットの機能確認などが必要です。サイバーテロの場合には、攻撃を行った側が企業のデータを無断で暗号化して解読のための金銭を要求する場合があります。データが暗号化されていないかの確認も必要です。

こうした自社の被害状況については、二次被害の防止のため、可能な範囲内で対外的に情報開示することも必要です。

（3）二次被害の防止

経営資源の被害状況の確認に合わせて、安全対策の一環として、災害等緊急事態の現場の立入禁止措置が必要な場合があります。たとえば、地震の場合、テロの場合、広域感染症の場合などで必要になってくるでしょう。これも、態様によりさまざまですが、落下物、倒壊物件からの二次被害防止、火災発生の危険区域からの退避による二次被害防止、テロ陽動作戦による二次攻撃からの回避、施設・物件への立入禁止による二次被害防止、広域感染症の発生場所の公表による二次被害の防止などが想定されます。同時に、こうした二次被害の防止には、可能な限りメディアを活用して危険情報を広く対外的に発信することが大切です。

2―復旧措置

(1) 一部再開

災害等緊急事態発生後の初動措置が取られたのちは、その発生により中断した事業の一部再開をめざす企業活動の開始です。すなわち、それは代替措置の実施です。たとえば地震の場合には、あらかじめ設定されていた第2本社事務所、バックアップオフィス、(委託)代替工場、また情報のバックアップシステム、さらには複線化されていた通信システムなどの稼働により事業の一部再開、生産活動の一部再開を可能とするのです。もちろん、これには原材料や半製品を確保するためのサプライチェーンが出来上がっていることが大前提です。在庫戦略や調達先のグローバル展開が必要になってきます。

こうしたことにより、復旧の可能性や、復旧できる場合の復旧時間の見積もりができます。

（2）全部再開

災害等緊急事態の発生により中断した事業の一部再開が可能となれば、次は全部再開に向けた活動の開始です。各種代替措置の完結など復旧手順を決定し、あらかじめ決定しておいた〝重要業務（中核事業）〟を通じて提供できる商品・サービスに関し、取引先や主要顧客との連絡調整を図ります。進捗状況を管理し、それに応じ臨時の予算も確保します。被害状況と同様に、こうした自社の復旧状況についても、可能な範囲内で対外的に情報開示することも必要です。

事業継続に向けてやるべきこと

■事業継続計画（BCP）の発動

責任者は経営者、被害の最小化、
事業継続にむけて経営資源を集中

■代替措置の検証

本社代替拠点、サプライチェーン確保、
バックアップ体制の確保

■事業再開

運転資金確保、復旧資金の調達、
重要業務の再開、臨時予算の確保

■取引先、主要顧客、関係当局との連絡

供給責任、取引調整⇒取引復元、
復旧に向けた協力体制、信頼の確保

■自社の復旧状況の発信

顧客、取引先への配慮と、コミュニケーション回復

⇒ **事業継続にむけて**

重要ポイント

事業継続計画を始動！
本社代替拠点を開設！
運転資金を確保！
取引先の調整・復元を行い重要業務を再開！
可能な限り復旧状況を対外的に発信！

第4章

次の災害等緊急事態の被害最小化対策

1──災害等緊急事態の類型

これまで述べたリスク・危機の類型のうち、第Ⅰ部で述べた重大事件と重大事故のケースは、個々の企業が本来対処・解決すべきものですが、以下の（1）～（5）のケースは一企業だけで事案対処すれば解決できるというものではありません。日本社会全体で、地域社会全体で、あるいは在留邦人社会全体で、被害最小化措置や被害回復措置を実行する中で、企業としての事業継続を確保しなければならないものです。

そのための対処計画をあらかじめ作っておくことが大切です。これを「事業継続計画（BCP:Business Continuity Plan）」と言います。また、この事業継続計画は、その名の通り「計画」ですから、これを企業経営の中心に据えて運用管理していく必要があります。この経営手法を「事業継続管理（BCM：Business Continuity Management）」と言います。

BCP、BCMの対象となる様々な災害等緊急事態は、英語では一般に「インシデンツ（incidents）」と呼ばれます。インシデンツは、もともと事件、事故、災害、感染症、テロ

“緊急事態（インシデンツ）”の類型

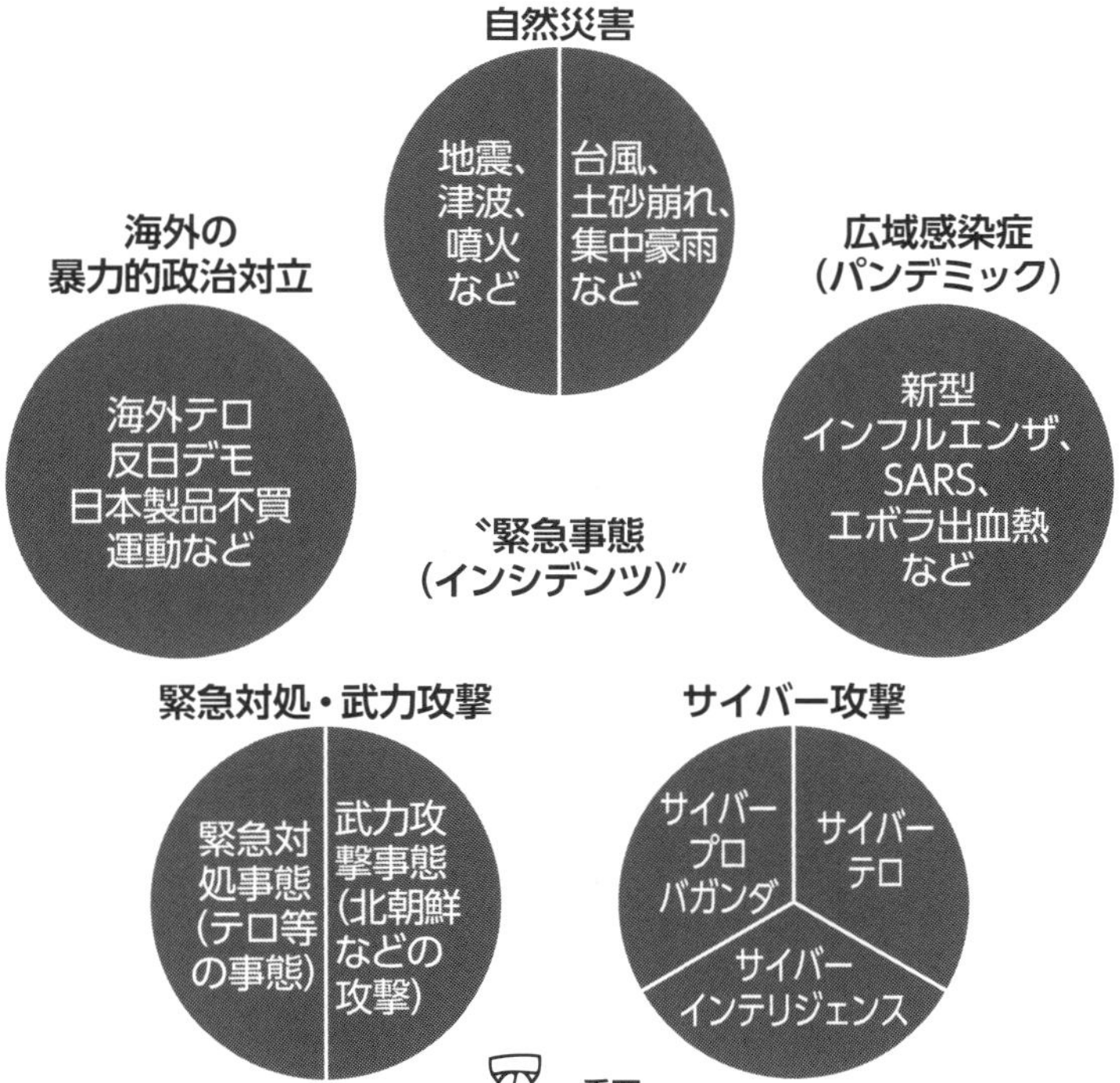

重要ポイント

緊急事態の発生は企業規模の大小を問わず、やってくる！

緊急事態の態様によって取るべき備えと、事後の対応が異なる！

甚大な損害・損失発生時に適切な対策を講じるために
平時からの備えを！

等の総称として使われています。適切な訳語がなく、そのままカタカナで「インシデンツ」と呼ばれますが、総称名としては「事案」と訳すか、固い言葉で言えば、「事態」とも訳せます。本書では、特定の緊急事態（災害等緊急事態）のことを指す意味としてとらえます。

災害等緊急事態には、以下の５つの類型が考えられます。

（1）大規模地震等の自然災害

自然災害とは、地震、津波、噴火、洪水、台風、土砂崩れ、集中豪雨、落雷、竜巻・突風のような異常気象などに起因する災害のことです。これは、災害対策基本法（１９６１年11月制定、２０１６年5月改正）に基づく措置が定められています。

なお、自然災害は、第Ⅰ部に述べたコンプライアンスの問題とは無関係の事象であるかのような印象を持たれるかもしれません。しかし、たとえば「首都直下地震」や「南海トラフ巨大地震」の危険性について広く公表される中で、企業が仮に震災対策への準備をしないままに巨大地震が発生し、一般顧客や従業員が死傷した場合には〝人災〟との指摘を免れないでしょう。なぜなら、これは企業の安全対策上の責任や安全配慮義務違反（法令違反）のおそれが出てくるからです。また、国や自治体の帰宅困難者対策のためのガイドラインが定められる中、企業の努力義務として定められた対策を実施しない企業も、少なくとも企業倫理にもとる行為としてコンプライアンス違反に問われかねません。

自然災害は、以下のように、2つに分けることができます。

①　一般に予測困難な自然災害

1つは、「首都直下地震」や「南海トラフ巨大地震（マグニチュード9クラス）」など、突然やってくる地震をはじめ、津波、噴火（噴火は予知できることもある）、竜巻、突風等の自然災害です。

発生確率などで予測はされているものの、突然やってくるために、企業の一部には、その「事前対策」にまで考えが及ばないことがあり、これが甚大な損害・損失をもたらすのです。

② 予測が比較的可能な自然災害

2つは、台風、土砂崩れ、集中豪雨、落雷、洪水など、曲がりなりにも事前予測ができる自然災害です。

1週間単位、数日単位で予想が精密化してくるため、「応急対策」は取りやすいのですが、付け焼刃的な対応に終始し、河川改修等インフラの大改修などの基盤整理、国土強靭化には到底間に合いませんので、甚大な損害・損失をもたらすのです。

(2) 新型インフルエンザ等の広域感染症（パンデミック）

広域感染症（パンデミック）には、「H1N1型インフルエンザ」（弱毒性）、「H5N1型インフルエンザ」（強毒性）などの新型インフルエンザがあります。これらは、予防ワクチンはありますが、効果は部分的です。感染したら治療法は今のところありません。強毒性に感染した時の致死率は極めて高く、しかもあらゆる市民が罹患していくので、社会的機能が大混乱に陥ります。その被害は甚大なものとなります。

このほかにも、パンデミックには、ＳＡＲＳ（重症急性呼吸器症候群）、ＭＥＲＳ（中東呼吸器症候群）、エボラ出血熱なども含まれますが、国内外に広域かつ甚大な被害をもたらすおそれのある、まだまだ未知の感染症も将来出現してくるおそれがあります。

なお、広域感染症についても、万一発生すれば、企業活動をはじめ社会全体に甚大な被害をもたらすことが予測される中、企業に対する法令上の要請や政府・自治体が定めたガイドラインなどに基づく対策をおろそかにしていれば、自然災害のケースと同様に〝人災〟として非難されかねません。その意味でも、コンプライアンスの問題としてとらえる場合があります。

（3）サイバー攻撃

最近の新たな問題として注目を集めるサイバー攻撃とは、サイバー空間上の技術的欠陥をついて仕掛けられるサイバー上の攻撃のことです。あらゆるモノがネットにつながるIoT時代の到来により、ネットにつながる生産工場やライフラインなどの制御システムをはじめ監視カメラ、テレビ、自動車等までもがサイバー攻撃のターゲットになっています。

これには、3つあります。

① サイバーインテリジェンス

1つは、不正アクセス、情報収集を目的としたサイバーインテリジェンス攻撃です。いわゆる「標的型メール」攻撃により企業の情報を窃取するケースです。発信者と企業との間でメールのやり取りをする中で（「やり取り型」）またはメールの一斉ばらまきにより（「ばらまき型」）、ウイルスを仕込んだ添付ファイルを送り、開封した企業に損害・損失が発生するケースです。感染したパソコンを遠隔操作し外部と通信を行い、企業データ（文書、画像、動画等）が窃取されるのです。こうした標的型メール攻撃により、日本年金機構をはじめ大企業（子会社を含む）が被害に遭い、加入者や顧客の膨大な情報が漏洩しています。海外では、「標的型メール」に感染した従業員のパソコンを長期間にわたってモニタリングしターゲットとした施設の入館ＩＤやパスワードを特定し、スタンドアローンの基幹産業システムが乗っ取られる事件も発生しています。

犯行に及ぶものは、中国、ロシア、北朝鮮などの国家や、自称「イスラム国」のテロ集団、アノニマスなどのハッカー集団から個人までさまざまです。

② サイバーテロ

2つは、システム破壊・改ざんやウイルス感染・脅迫を目的としたサイバーテロ攻撃です。サイバーテロは、これまで大量のデータを集中的に送付してサーバをダウンさせるDDoS攻撃という破壊活動タイプが一般的でした。これまでハッカー集団アノニマスにより、政府機関や大企業が被害に遭っています。

しかし、最近では、ランサムウエア（脅迫ウイルス）攻撃による金銭要求タイプが出現し深刻化しています。これは、発信者が「標的型メール」を発信し添付ファイルを開封した役職員のパソコンが感染し、パソコン内のデータを暗号化して〝人質〟にし、その解読方法と引き換えに金銭（〝身代金〟＝ランサム）を要求するケースです。そのターゲットは、個人から企業へと移行しています。

感染経路は、「標的型メール」にとどまらず、不正に細工された偽広告の閲覧、無料不正ファイルのダウンロード、偽企業サイトの閲覧、偽人気ソフト（無料）のダウンロードなどでもウイルスが仕込まれるケースもあります。感染すると、社内イントラシステムを通じて、次々とデータを〝人質〟にするので極めて危険です。

一般の身代金人質事件と同様に、内密に身代金が支払われることもあり、公表された事件はまさに〝氷山の一角〟です。最近では、パソコン内のデータのみならず、ネット上のデータを暗号化するタイプも出現してきています。

③ サイバープロパガンダ

3つは、サイバー攻撃する集団の自己宣伝や国益主張の反日宣伝などを目的としたサイバープロパガンダ攻撃です。

「標的型メール」等によって政府機関、企業や新聞社、大学、財団、業界団体等のホームページを乗っ取って書き換え（改ざんし）、犯罪集団や個人の主義主張を書き込む攻撃です。

中国が反日運動の一環として実施したと言われています。多くはハッカーが技術力を競い誇示する目的で行われることが多いようですが、イスラム過激派がテロ要員の勧誘や資金獲得のために行っているケースもあります。

(4) 緊急対処・武力攻撃事態

緊急対処・武力攻撃事態は、日本国または公共機関ないしライフライン等がターゲットとなった緊急事態で、国民のみならず、国内の企業がこれに巻き込まれ甚大な損害・損失をこうむり、また事業継続が困難となるケースです。これには、「緊急対処事態（テロ等事態）」と「武力攻撃事態」の2つがありますが、いずれも武力攻撃事態等対処法（武力攻撃事態等における我が国の平和と独立並びに国及び国民の安全の確保に関する法律：2003年6月成立。2015年改正）および国民保護法（武力攻撃事態等における国民の保護のための措置に関する法律：2004年6月成立。2016年8月最終変更）に基づく措置です。

①「緊急対処事態（テロ等の事態）」

「緊急対処事態（テロ等の事態）」は、後述の「武力攻撃事態」に準じる事態です。

攻撃対象施設別に言えば、たとえば原子力事業所、石油コンビナート、可燃性ガス貯蔵施設、危険物積載船、ダム等に対するテロ攻撃や、大規模集客施設、ターミナル駅等、列車等に対するテロ攻撃です。

また、攻撃手段別に言えば、ダーティボム（放射性物質を散布することにより、放射能汚染を引き起こすことを意図した爆弾）等の爆発による放射能の拡散、炭疽菌等生物剤の航空機等による大量散布、市街地等におけるサリン等化学剤の大量散布、水源地に対する毒素等の混入や、航空機等（ハイジャック）による多数の死傷者を伴う自爆テロ、弾道ミサイル等の飛来による攻撃です。

こうした中で、企業の役職員が人質・殺傷事案などのターゲットとなり、偶然に巻き込まれる事案や、企業の事業自体が中断するケースも想定しておかなければなりません。

②「武力攻撃事態」

武力攻撃事態は、攻撃手段、攻撃規模、攻撃パターンなどにより異なりますが、航空機・船舶による着上陸侵攻、ゲリラや特殊部隊による攻撃、テポドン等弾道ミサイル攻撃および航空機による爆撃攻撃の４つの類型の事態です。その攻撃は、ＮＢＣ攻撃（核兵器、生物兵器、化学兵器等の使用）も想定されます。武力攻撃事態は、予測事態、切迫事態および攻撃発生に区分されます。

たとえば、国連安保理で非難決議を出しても、依然として核実験やミサイル実験を続ける北朝鮮による武力攻撃事態は、しばしば〝瀬戸際外交〟として主張されますが、日本としてその発生を想定しておく必要があります。

企業にとっては、敵国がどのような攻撃行動に出るか予想不可能ですが、戦闘攻撃のターゲットとなり、また偶然に巻き添えとなる事案や、企業の事業自体が中断するケースも想定しておかなければならないのです。

(5) 海外の暴力的政治対立

海外の暴力的政治対立とは、海外の邦人企業・子会社、日系企業などが、宗教的価値観の違いからくるイスラム過激派によるによるテロ行為のターゲットとなり、また日本権益をターゲットとした暴力的反日運動の被害を受けるケース、赴任国内の政治的対立が過激化して内乱・暴動、戦争などに巻き込まれるケースなどです。海外進出が著しい日本企業に降りかかってくるおそれが十分にある事態です。

たとえば、反日運動における暴力的デモ、商店焼き討ちなどの破壊活動、日本製品の不買運動における混乱や、海外の劇場、ショッピングモール、公共交通機関等大規模集客施設におけるテロ等に巻き込まれるケースや、もっと危険なのは、政府軍と反政府軍との衝突、戦闘状態、そして現地市民を巻き込んでの内乱・内戦、外国からの宣戦布告・戦争に在留邦人、現地邦人企業が巻き込まれるケースです。

2—災害等緊急事態に対する基本的な考え方

ここでは、災害等緊急事態に対する基本的な考え方として、（1）リスク感性・危機意識、（2）実践的司令塔の創設および（3）「人命最優先の事業継続マネジメント（ＢＣＭ）」の3つについて述べます。

(1) リスク感性・危機意識

リスク・危機は、日常の事業活動の中で発生し、しかも、その多くが予期せず発生することから初期の段階では原因や被害の実態が掴めず、事態の掌握に混乱をきたし、結果として企業は大きな〝マイナスイメージ〟を受け、事態は思わぬ方向に発展することがあります。

発生したリスク・危機に、経営トップやビジネスリーダーが率先して「ダメージコントロール」（リスクの最小化措置）に取り組み、最悪の事態を免れた例もあります。しかし、その多くが初期の段階では、これが重大な事態に発展するかどうかを認識できないなど、その兆候を見抜けなかったために、最悪の結果を招くこととなっているのです。

極端な事例では、担当者や担当部門の一部の者が独断で、発生事案を軽視したため、これが経営トップやビジネスリーダーにも報告されず、初動措置が大幅に遅れ、被害状況の確認などに遅れを取るケースがあります。

①「憂いなければ備えなし」

「備えあれば憂いなし」という格言があります。「備えあれば憂いなし」とは、リスク・危機への対処の心構えとして説明されていますが、「備え」はどこから生まれてくるのでしょうか。「憂い」すなわちリスク感性を持つことから「備え」すなわち対策が生まれるのです。つまり、本書では、平素から「憂いなければ備えなし」の精神を大切にする姿勢こそ、災害等緊急事態対処の原点であることを特に強調しておきます。

〝いろいろな準備をしておけば心配は要りませんね〟という「備えあれば憂いなし」は〝出口論〟です。その〝備え〟はどこから出てくるかと言えば、〝憂い〟があるから出てくるのです。心配することから対策が出てくるのです。心配することがなければ対策は出てこない。10メートル以上の津波は来ないと思ったら、それ以上の防潮堤は造らないのです。これがF1原発の悲劇なのです。ですからリスク管理・危機管理は、まず「憂いなければ備えなし」で、〝憂い〟をまず持つという〝入口論〟を考える必要があります。

②「自助」「共助」「公助」

「自助」「共助」「公助」は、リスク・危機への取組みの基本です。大事なことは「自助」「共助」「公助」の中心は、「自助」だということをぜひ知っていただきたい。さまざまな災害等緊急事態で甚大な被害がもたらされても、その事態に対して、政府・自治体が全ての国民、全ての企業に対応できる実働部隊（警察、消防、自衛隊、医療機関など）を物理的にも技術的にも持っていないのです。

平時における緊急対処のための公的機関の体制は整備されていますが、全ての有事のための体制を平時から持っておくことは、体制上も、コスト的にも困難です。したがって、企業は、まず「自分たちの身は自分たちで守る」という「自助」の基本を堅持することが一番大切です。

③「循環型危機管理」

「循環型危機管理」については、第Ⅰ部で詳述しました。コンプライアンス違反が発生した場合も、災害等緊急事態が発生した場合も、「循環型危機管理」の考え方が重要になってくることに変わりはありません。

「循環型危機管理」は、アメリカの政府がとっている危機対処策です。(i)事前段階において、さまざまな緊急事態の発生防止の努力、そのための「事前対策」をとるとともに、万一発生した時の被害を最小化する「応急対策」を構築しておく。(ii)災害等緊急事態が発生した応急段階では、事前段階で構築しておいた「応急対策」を実行に移す。そして(iii)「事後対策」では、被害に対して代替措置とか、復旧措置を講じ、できるだけ早く通常の事業活動に戻す。そして次の新たな災害等緊急事態への「事前対策」も講じる。このように、「事前対策」⇩「応急対策」⇩「事後対策」⇩「事前対策」という「循環型危機管理」をやっていく必要があります。

（2）実践的司令塔の創設

① 情報収集と対策の策定

リスク感性・危機意識が備われば、おのずと災害等緊急事態に対処するため具体的な措置を検討・実行するための司令塔の設置の必要性を感じることでしょう。

実践的指令塔としては、経営企画部門か総務部門など企業のライン組織における担当セクション、あるいは組織横断的な（横グシの）対策委員会、プロジェクトチームなど、会社の規模に応じて適切な組織が構築される必要があります。

ここで直ちに実行すべきことは、それぞれの災害等緊急事態についての発生の可能性と発生時に想定される損害・損失についての情報収集・分析です。それには、専門家が必要です。たとえば、サイバー攻撃の場合には、ＩＴリテラシー（ＩＴ技術格差）の課題がありますから、ＩＴ専門家による情報収集が必要です。広域感染症については医療専門家など、テロの場合には過激派対策や警戒警備に精通する専門家による情報収集などが必要です。

情報収集の結果、災害等緊急事態に関する情勢の深刻さが判明すれば、それに対する準備をどうするかなど課題が出てきます。すべての災害等緊急事態に対する対処策を同時に構築するには体制上も、コスト的にも無理がありますから、どの災害等緊急事態の対処を優先するかの検討が必要になります。

② 対策の優先順位

優先順位の決定にあたっては、まず自社の過去の危機管理体験事例、業務の特殊性・固有性、危機管理経営の推進体制、本社・支社の所在場所の特殊性（たとえば、ハザードマップ上の危険地域）、費用計算などの面からみて、企業にとって何がリスク・危機なのかを具体的に考えていかなければなりません。何が〝想定される事態〟かを特定しなければ、対策の立てようもありません

そのうえで、（ⅰ）緩急の判断（業務処理の切迫性）、（ⅱ）軽重の判断（業務に甚大な損害・損失を及ぼす可能性）および（ⅲ）確率の判断（業務に影響を与える発生可能性）を基準

リスク対処のためのレーダーグラフ

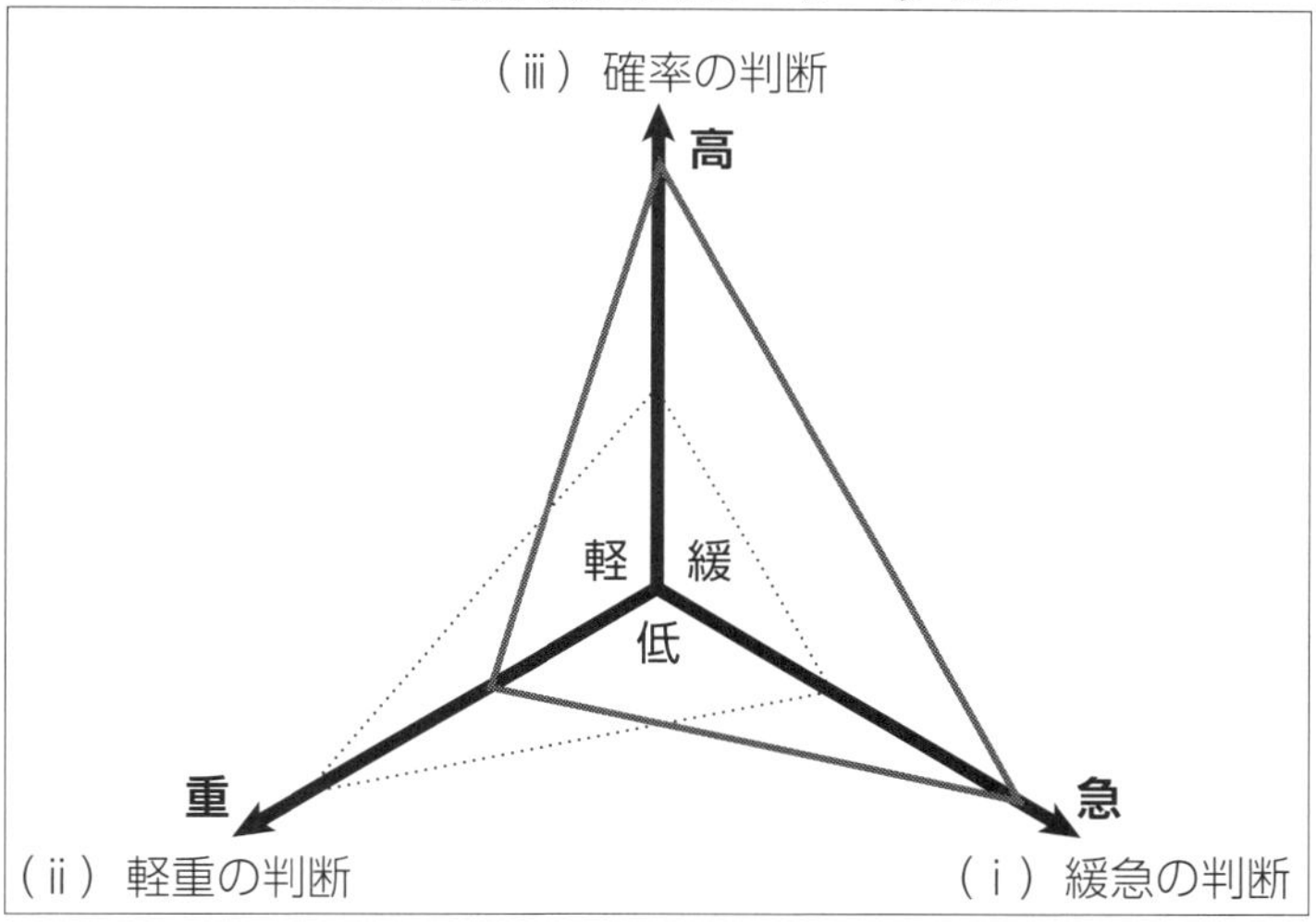

とします。

（ⅰ）については、たとえば、明日やってくることが確実な大型台風を前にして、いつ来るかわからない広域感染症対策の会議を予定通り開くというのは、危機管理上、本末転倒であることがお分かりでしょう。

（ⅱ）については、第Ⅱ部のテーマである甚大な損害・損失をもたらす災害等緊急事態、たとえば大規模地震への対策と、施設管理上の不備がもたらすトラブルの対処とでは、検討するにせよ甚大な損害・損失を考えれば、重要性に違いがあることはあきらかです。

（ⅲ）については、たとえば大隕石が地球に衝突するというリスク・危機は発生すれば地球の生態系を破壊し、地球環境を変動させ、地球が滅亡するかもしれませんが、今後30年以内に発生する確率が70％の南海トラフ巨大地震や首都直下地震のほうが現実的です。

さまざまなリスク・危機を比較するには、この3つの基準をもとに「レーダーグラフ」（図参照）を作り、優先順位を判定します。対策の優先順位は「レーダーグラフ」上の三角形の面積の大きさで判断していくこととなります。

③　安全コスト

また、個々の災害等緊急事態に対する具体的な対策を実施するには、当然コストがかかります。ここで、私たちは「安全と水はただではない」ということを再確認する必要があります。災害等緊急事態への対処にどのぐらいのコストが必要なのかについては、基準はありません。業界によっても違います。災害等緊急事態の態様によっても異なるでしょう。

しかし、あえて大胆に申し上げれば、企業の年間売上高の2％程度は安全対策費として必要ではないかと考えます。これは、たとえば、ＧＤＰ（国内総生産）に占める日本国家の安全対策として防衛費、警察・消防の国家予算と地方自治体予算、それに海上保安庁の国家予算のトータルの割合が２％程度であることが目安となっています。もちろん、国の安全対策には、このほか、在外日本国大使館等の在外公館の安全対策費や、政府がターゲットとなるサイバー攻撃への対策費なども考慮しなければなりません。実際にはもっと多くの行政府の分野で、安全対策費が使われているでしょう。

一方、民間企業の安全対策費をどのように定義するかの課題もあるでしょう。しかし、ここでは、とりあえず1つの目安と考えていただきたいのです。

また、安全対策費の占める割合は、業種によって違います。たとえば、自動車産業や食品業界の安全対策費率は非常に高いものがあるでしょう。あるいは金融機関もソフト面、ハード面の安全対策費率は、高いものがあるでしょう。あるいは建設業界、公共交通機関などなど、高水準の安全対策費を必要とする業界は多々あろうと考えますが、一般企業において、２％程度を目安にしていただきたいと考えます。２％が多いか少ないか、これは皆様方の議論のベースとしていただき、ここではあえて参考までに2％を提示します。

なお、安全コストについては、企業の災害等緊急事態への対策費を意味するのですが、そこには当然ですが、災害等緊急事態に関する必要な情報収集費も含まれていることに留意すべきでしょう。対策と情報とは〝車の両輪〟です。

（3）人命最優先の事業継続マネジメント（ＢＣＭ）

危機管理の要諦の１つは、甚大な損害・損失が発生するケースであっても、発生する損害・損失をいかに最小化するかという点です。すでに述べたように、災害等緊急事態の措置に関しては、発生防止よりも、被害最少化に重点をおくことが肝要です。

そのために、事業継続マネジメント（ＢＣＭ）を導入することが大切です。しかも、このＢＣＭは人命を最優先にしたＢＣＭでなければならないのです。これについては次節で詳しく説明します。

3―被害最小化のための措置：ＢＣＭ

（1）ＢＣＭの定義と特徴

ここでは、事業継続マネジメント（ＢＣＭ）の定義と特徴について、3点ほど説明します。

①　危機管理手法

ＢＣＭは危機管理経営手法です。すなわち、既述した災害等緊急事態が発生することによって甚大な損害・損失がもたらされ、事業が中断する場合に、発生時の被害を最小化して、中断した事業を早期に再開させるための「事業継続計画（ＢＣＰ）」を策定し推進していくための危機管理経営手法がBCMです。

もともと、事業継続という考え方は、アメリカでテロ事件が連続したことを契機として生まれています。「9・11同時多発テロ事件」（2001年）の8年前の、死者6人、負傷者1000人以上を出した「世界貿易センタービルの爆破事件」（1993年2月）や死者168人、負傷者500人以上を出した「オクラホマシティの連邦ビル爆破事件」（1995年4月）などのテロ事件が発生し、人的被害以外にも甚大な損害・損失が発生しました。この際、ITシステム障害も発生したことから情報セキュリティ対策の取り組みにも影響を与えました。これらの事件で事業は中断し、復旧・回復に相当の時間を要したことから、事業継続の対処策として生み出されたのがBCPやBCMです。その後、「9・11」事件で、こうした動きが加速化して、経営手法として取り入れられるようになったのです。したがって、BCPやBCMは、アメリカ政府が採用している考え方でもあります。

② 経営戦略としての位置づけ

またBCMは、経営戦略として位置づけることが必要です。事業中断の結果、企業に甚大な損害・損失が発生するとともに、消費者の企業離れや市場占有率の低下に伴う業績悪化、企業自体や商品・サービスのブランド価値の低下などの状況に陥るおそれがあることから、企業の中長期経営戦略として位置づけることが必要です。

災害等緊急事態への対処（損害・損失の最小化措置）が不十分で社会に対し甚大な損害・損失を与えてしまった場合には、経営者のリスク対処の是非や経営責任が問われることになりかねません。したがって、ＢＣＭの位置づけを明確にしておく必要があります。

③　時間的要素と〝重要業務（中核事業）〟

さらにＢＣＭは、時間的要素が重要です。被害が発生し、事業が中断した時、復旧させるための「目標復旧時間」を設定して、その時間内に事業を再開するために、「ヒト」「モノ」「カネ」「情報」という経営資源をどのように確保するかが重要です。これには、事業の〝仕分け基準〟を作って、有事に際してどの事業を優先させるかを事前決定する必要があります。

たとえば、ある企業で５つの大きな事業部門があるとします。自然災害あるいは大規模テロが発生したという時に、経営資源に甚大な被害が出ているわけですから、平時の時のように全部門を同時・早期に立ち上げることは無理です。そうすると、その中のどれか１

つか2つ優先する事業をあらかじめ決めておいて、経営資源を集中して事業再開にたどり着く必要があります。この事業を〝重要業務〟または〝中核事業〟と言います。この優先する事業を決める〝仕分け基準〟を作るのです。

　〝仕分け基準〟の判断材料としては、まず収益性があります。自社で最も収益性の高い事業を〝重要業務（中核事業）〟として優先させるのです。また、市場の占有率も判断材料です。商品・サービスの販売シェアや株価への影響などを考慮するのです。さらに、ビジネスの信用度も判断材料です。今日までのお取引先との関係、主要顧客との関係を重視して優先する事業を決めるのです。さらに、社会貢献度も判断材料です。収益は低くとも社会貢献度の高い事業を〝重要業務（中核事業）〟に指定しようということもあるでしょう。加えて、財務影響度も判断材料です。資金繰りへの影響などを考慮して金融機関と行動歩調をとるなどの方法も考えられるでしょう。社会生活上の安全性も判断材料です。自社の商品・サービスが市場に供給されなければ市民生活の安全が保てないということを考慮しての〝重要業務（中核事業）〟への指定です。

　これが決まれば、「ヒト」「モノ」「カネ」「情報」という経営資源を集中投下できるのです。もっと言えば、有事に経営資源を集中投下して早期再開ができるように、あらかじめ

〝重要業務（中核事業）〟に特化した経営資源を準備すべきなのです。

④ 人命尊重が大前提

事業継続とは事業を継続させることですが、実は人命尊重が一番でなければいけないのは当然です。ところが、政府の中央防災会議の「事業継続ガイドライン」が最初にできた、第1版（2005年8月策定）では、「事業継続」のことが延々と書かれて、その後に、「事業継続とともに求められるもの」という項目が出てきて、「生命の安全確保」と書かれていたのです。「事業継続」はいいのですが、何よりも生命・身体の安全確保が第一です。そこで、第3版（2013年8月改定）では「従業員の安全」という項目ができました。

また、労働契約法（2008年3月施行）第5条に「安全配慮義務」が定められました。「3・11東日本大震災」の後には、地方自治体や民間企業などが「安全配慮義務」を欠いたことなどを理由に損害賠償請求がなされました。それは、平時に従業員（労働者）の安全確保のために、会社（使用者）は何をやったのかということが1つの争点でした。また、「3・11」後の訴訟では、施設管理者の管理責任に基づく児童・生徒・高齢者等への安全責任の問題も争われました。

なお、〝安全〟には〝物理的な安全〟だけではなくて〝精神的な安全〟つまり、健康状態も含まれます。従業員がうつ状態になり自殺して、最高裁まで争われ、会社が負けたケースもあります。企業の「安全配慮義務」は、今後ますます注目を浴びるでしょう。

ここで大切なことは、災害等緊急事態の発生時の「事業継続」は重要なことですが、まず何よりも「事業継続」より人命だということです。

（2）時系列で見たＢＣＭ

時系列で見たＢＣＭ（図参照）は非常に単純化したものです。

まず、災害等緊急事態が発生する前にリスク・危機を具体的に特定する。そしてＢＣＰを作り、それを実行に移していくことになります。

いざ災害等緊急事態が発生すると、それまで１００％だった事業活動のレベルが、たとえば20％まで落ちてしまいます。その段階で応急措置、あらかじめ決めた応急措置をとる。そして次に代替措置をとる。代替措置をとることによって一部、仮に70％まで事業が再開

損害・損失最小化のための対策

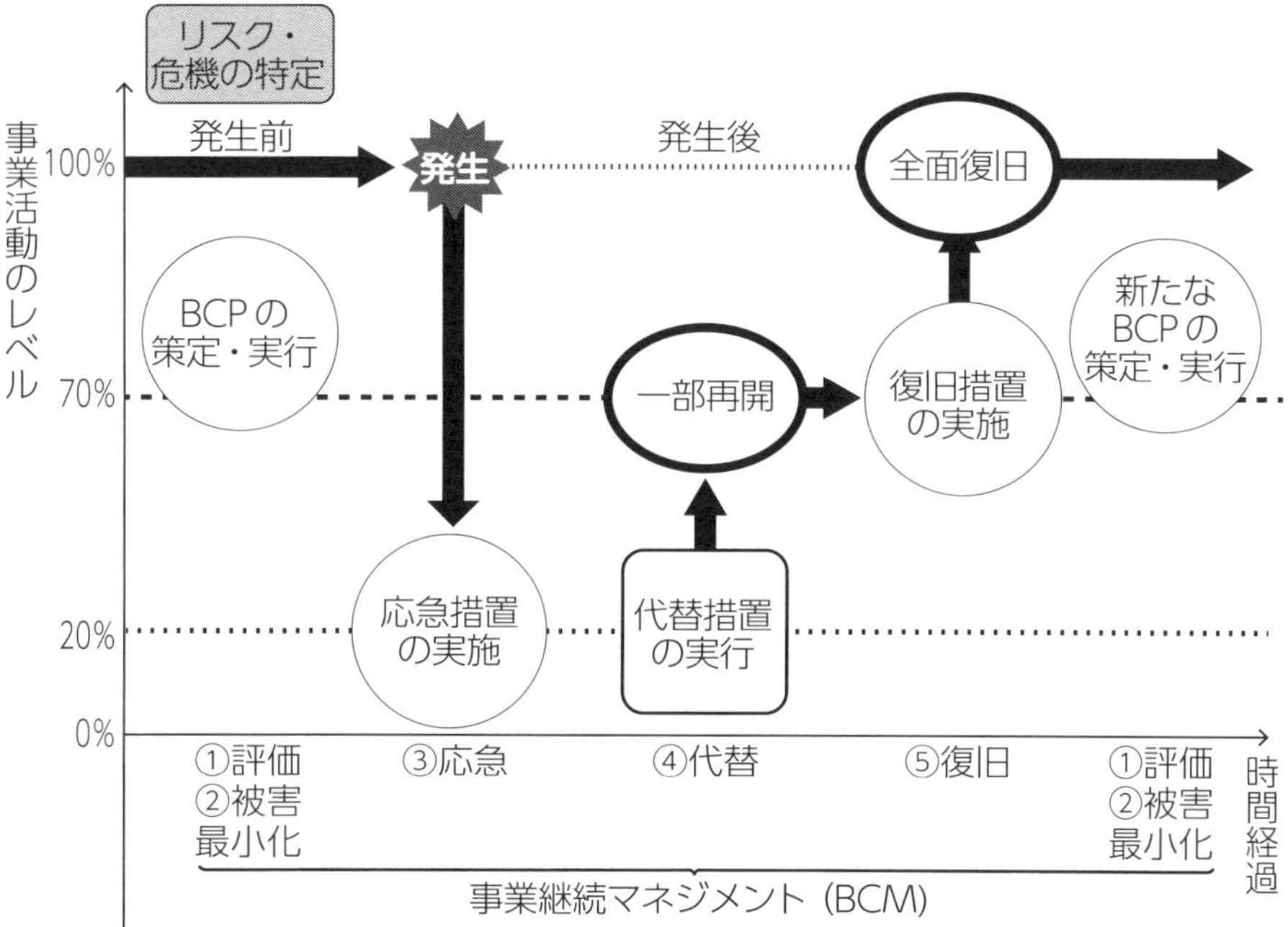

〈注〉「事業活動のレベル」に示した70％や20％の数値は仮の数値です。

重要ポイント

事業中断は、クライアントの企業ばなれ、市場占有率低下に！

業績悪化、企業自体や商品のブランド価値低下に！

危機管理経営は企業の経営戦略として位置づけことが必要！

できたとします。

その再開できたところで復旧措置を更に実施して、全面復旧という形にもっていく。全面復旧の形にいけば、次に、新たな危機・リスクが発生する前にＢＣＰを作って、それを実行していく。この全体がＢＣＭの流れです。

（3）民間企業のための政府ガイドライン

災害等緊急事態は、一企業だけが損害・損失を受け、またターゲットとなるものとは限りません。現象面では、一企業の損害・損失で終わる場合があっても、将来の損害・損失はどの企業にも発生し得るものと考えなければなりません。しかも、災害等緊急事態の発生による損害・損失は甚大で広域的です。また、災害等緊急事態の態様にもよるのですが、巻き添えになる企業も出てきます。このため政府・自治体が、その責務として災害等緊急事態への対処に関与してくることは当然とも言えます。まさに「公助」といえる分野です。そこには、政府・自治体自体が実施する対処策と、民間企業を包含して官民一体となって対処するために、民間企業に準備してほしい、また応急対処してほしいと考えるガイドラインを公表しています。

政府の各種ガイドラインに沿った対策を構築すべきかどうかについてですが、たとえば企業は甚大な被害が発生した時に、政府のガイドラインに従った対策をとった企業が、ほかにも必要な要件は多々あるでしょうが、政策投資銀行等の政府系機関の金融支援を受けやすくなる可能性はあるでしょう。

では、政府は民間企業のためにどのようなガイドラインを出しているのでしょうか。以下、それぞれの災害等緊急事態の態様に応じて5点述べます。

①『事業継続ガイドライン――あらゆる危機的事象を乗り越えるための戦略と対応』（2005年8月策定。2014年7月、解説書策定。2016年8月改訂：内閣府防災担当）

このガイドラインは、民間企業とのためにＢＣＰの立案・策定を前提としてＢＣＭを推進するための指針を述べたものです。

ＢＣＰ、ＢＣＭについてのポイントは、１つは初動段階で何をするべきかということです。いくつかありますが、「経営資源の被害状況の確認」という項目があります。「建物、施設、従業員等」となっていて、従業員は3番目に書かれていますが、従業員の被害確認が含まれています。また、既述した「従業員の安全」という項目も出てきます。

このガイドラインのもう1つのポイントは、事業継続のためにどう対応するか、初動措置をとった後、次に事業継続するために何をやっていくべきかということが書かれています。

このガイドラインの第1版は、もともと地震対策として公表されたのです。第3版になると、地震以外の「自然災害」「大事故」「感染症の蔓延」「テロ等の事件」も適応可能と説明されています。そう言ってはいますが、たとえば「広域感染症」は被害対象が北海道から沖縄まで広範囲になるおそれがあること、被害期間も長期化すること、事業継続が非常に困難であることなどから、この「ガイドライン」とは別に、政府は、新型インフルエンザ対策等、他の感染症も含めた対策ガイドライン（次の②）を公表しています。

②『新型インフルエンザ等対策ガイドライン』（2013年6月策定。2016年3月、一部改訂：新型インフルエンザ等に関する関係省庁対策会議）

このガイドラインは、細かくは10個のガイドラインに分かれており、その中の８つ目の「事業者・職場における新型インフルエンザ等の対策ガイドライン」で、企業が何をするべきかについて書かれています。最悪の場合、欠勤率が、ピーク時の約２週間に、最大40％になるという前提で〝重要業務（中核事業）〟を復旧そして再開できるかが求められています。

その際、何をやっていくのかということについて、細かく書かれています。新型インフルエンザのほかにも、エボラ出血熱とか、ＳＡＲＳ、ＭＥＲＳなども含めて感染法で第一類、第二類に指定されているもの等の発生時の対策として公表されています。

③『サイバーセキュリティ経営ガイドライン』（2016年1月策定：経済産業省・独立行政法人情報処理推進機構）

このガイドラインは、特にＩＴに関するシステム、そしてサービスを供給する企業や経営戦略上、ＩＴの利活用が不可欠な企業を対象にしています。まだバージョン１・１ですから、今後２・０、３・０と、内容も細かく対象も増えていくでしょう。

このガイドラインでは「経営の重要10項目」が述べられておりますが、その中で特に、〝サイバーセキュリティリスク管理の枠組みの決定〟は非常に重要で、1つはPDCAという枠組みを作っておくこと、もう1つは緊急時に対応する体制、CSIRT等を作っていくことが強調されています。CSIRTというのは、〝コンピュータセキュリティ緊急事案応急対策実施班〟というチームのことです。

現在、「標的型メール」が増加しており、メールの内容も巧妙化しています。今までは「やり取り型」のメールが多かったのです。「お宅の会社の不祥事があるのですが」「お送り頂けますか」「じゃあ、まとめたものを添付ファイルで送ります」ということでファイルを開かせてサイバー攻撃が行われていました。また、「お宅の会社に応募したいのですが」「募集要項の件でご相談が……。いろいろ私の事情等もあって……」「そうですか、では書類にして送って下さい」「では添付ファイルでお送りします」というやり取りの中で企業の担当者を信用させ攻撃が行われました。ファイルを開いた途端にスパムが拡散しデータが破壊されたり、情報を取られたりするという形のものです。

しかし最近は一対一の「やり取り型」以外に、「ばらまき型」のメールが増えています。一斉に「商品代金の請求」メールや「健保保険組合からの医療費通知」メールが来るので、不用意にメールを開きます。もっと悪質なのは「○月○日父永眠」というメールです。どなたの訃報かなと開けてしまうと、パソコンが起動しなくなります。こうした「標的型メール」は、流暢な日本語に翻訳してくれる翻訳ソフトを使って、海外からもやってきます。③のサイバー攻撃のガイドラインは、重要インフラ企業がとるべき措置を中心に書かれていますが、今後は他の分野へ拡大していくとみられます。

では、一般企業ではどうでしょうか。こうした課題への解決策についての政府の具体的ガイドラインはありません。一般論として、経営責任の甘さからCIO（最高情報セキュリティ責任者）のポストが未設置であったり、社内CSIRTが組織化されてなかったり、こうした事態の通信遮断の権限者と実施時期の判断が社内で意思統一されてなかったり、顧客情報の暗号化も未整備、バックアップもされていない、教育・訓練、シミュレーションも未実施ということで、企業として十分な対応ができていません。ITセキュリティ対策は、技術革新の発展とともに、常に最新の状態にあることが危機管理の原点です。

④ 緊急対処・武力攻撃事態

「緊急対処事態」や「武力攻撃事態」が発生した時には、政府・自治体は既述した国民保護法に基づく措置を取りますが、住民との関係で言えば、避難、救援などの措置が中心です。

ここには、指定公共機関（独立行政法人、日本銀行、日本赤十字社、日本放送協会その他の公共機関及び電気、ガス、輸送、通信その他の公益事業を営む法人）を除いて、民間企業がとるべき措置につてのガイドラインはありません。おそらく、企業も、住民と同様の避難、救援などの措置を役職員がとるということでしょう。緊急対処・武力攻撃事態に関し、一般企業の本来の業務にかかる対処策についての政府のガイドラインは定められていません。

既述した説明から明らかのように、緊急対処事態は各種テロをも想定しています。しかし、このテロについても、政府・自治体の措置については言及がありますが、民間企業のための本格的なガイドラインではありません。

他方、テロ対策については、前記①の『事業継続ガイドライン』がテロ対策にも適用されると書かれてあります。ただ、テロは政府首脳の政治的な発言、国家の対外政策の推進状況、あるいはサミット、オリンピックのような国際的なイベントの開催などと密接な関係を有しています。つまり、『事業継続ガイドライン』が中心課題としている自然災害（地理的状況、気象状況等により発生）への対処とは、その発生経緯（悪意のある攻撃意図により発生）、第2波・第3波等の連続攻撃の可能性、交渉の必要性の有無、対策の結果の不確実性（科学的対応か情緒的・論理的対応か）など本質的に違います。

⑤　海外の暴力的政治対立

海外の暴力的政治対立に関して、政府の統一したガイドラインはありません。

しかし、海外における日本権益をターゲットとしたテロ行為、暴力的反日運動・デモ、赴任国内の政治的対立が過激化した内乱・暴動、戦争などは、海外進出企業にとって深刻な課題です。

こうしたリスク・危機は、突然やってくるように見えますが、実はその兆候は十分あったはずなのに情報収集を怠っていたことが原因であることが多いのです。したがって、常日頃から、日本の在外公館、ＪＥＴＲＯ等政府関係機関、日本人会・日本商工会、マスメディアの特派員、現地の友人・取引先などの人的ネットワークを駆使して常に情報収集することが大切です。たとえば、情勢判断のために、外務省本省や任地の在外公館のホームページを確認することも必要です。また、現地語になるかもしれませんが、政治対立する団体等の主張にも関心を寄せておくことが重要です。

一方、企業内では、あらかじめ通信連絡手段を確保するなど緊急連絡体制を確立し、緊急時の避難誘導、救出救助、緊急医療などを含む緊急時計画（マニュアル）を作成しておかなければならないでしょう。また、いざテロ、内乱・暴動等の発生に際しては、まず役職員・家族、出張者等の安否確認、事業所、宿舎等の損害・損失確認、現地従業員の動向確認などを行うと同時に、事業所の警備強化、店舗・工場・学校等の閉鎖の可否の判断、生産活動の代替措置（遠隔地又は他国）の実行性を検討し、暴動・デモの場所や紛争地域への接近禁止措置を取るべきです。反日運動が高揚している場合には、日本公館、日系ホテル・デパート・レストランなどへの接近も禁止し、企業自体の発信も注意深く、目立たないものであることが肝要です。

なお、海外で発生するテロについては、時差が存在する日本の本社・親会社と海外の子会社、支店、海外事業所（生産拠点を含む）との密接な連携がキーポイントになってくること、海外赴任国の警察・軍事組織（捜査機関および特殊部隊）の協力が不可欠であること、すべての事案処理において現地語（外国語）の能力および現地の文化・風習に精通している専門家が必要であること、犯人側の要求が政治的要求を含んでいれば政府（日本政府および相手方政府その他関係国政府）との共同歩調（少なくとも外交使節との連携）が必須で一企業の方針では解決が不可能だということを念頭に置く必要があります。

（４）社会全体としてのＢＣＭ

ＢＣＰ、ＢＣＭについては、広域的に甚大な損害・損失が出ることから、一企業だけの対策構築で十分とは言い切れません。しかし、まずは、各企業がＢＣＭを実行することから始まります。すなわち、それは「自助」です。モノラテラルな対応です。そして、取引先にも同じものを要請するのです。これは「共助」です。バイラテラルな関係です。もう一つ「共助」が必要な相手、それは所属している業界団体です。同じ業界の中で、平時に有事のための相互協力体制を確立しておくということが重要です。

これを各地でやることによって、社会全体としてのＢＣＭを構築することが理想形です。トータルＢＣＰ、つまり「公助」です。政府・自治体に頼るのも「公助」ですが、社会全体で作り上げるのも「公助」です。そういう緊急事態に対処可能な成熟した安心・安全な社会が到来することを期待します。

今後の BCM の方向性

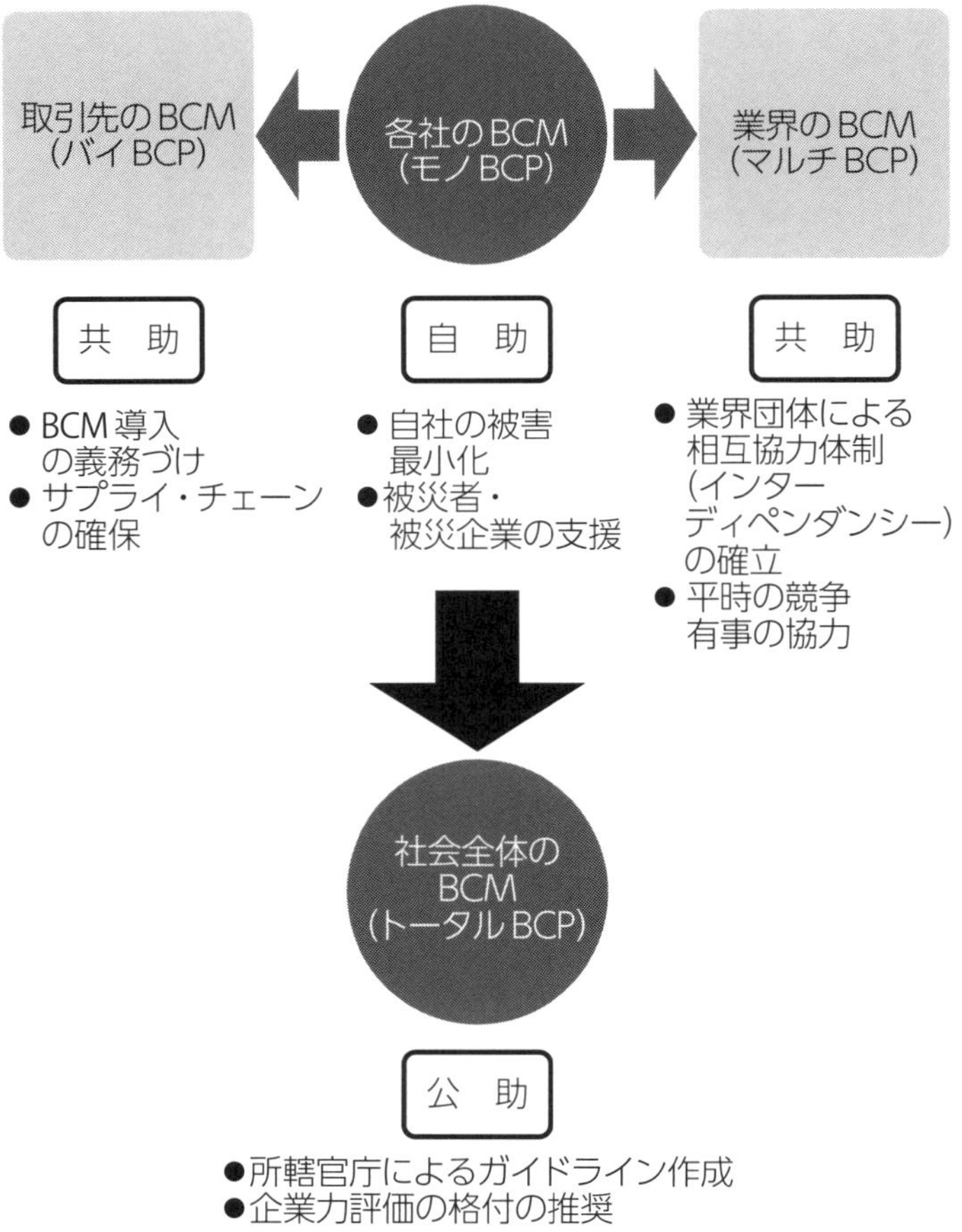
取引先のBCM
(バイBCP)
各社のBCM
(モノBCP)
業界のBCM
(マルチBCP)
共　助
● BCM導入
の義務づけ
● サプライ・チェーン
の確保
自　助
● 自社の被害
最小化
●被災者・
被災企業の支援
共　助
● 業界団体による
相互協力体制
(インター
ディペンダンシー)
の確立
● 平時の競争
有事の協力
社会全体の
BCM
(トータルBCP)
公　助
●所轄官庁によるガイドライン作成
●企業力評価の格付の推奨

おわりに──「7・5・3総合戦略」確立のために

明日は何が起こるか予想もつかない激動・混迷の時代にあって、リスク管理・危機管理の基本戦略は、企業が競合他社との差別化を図り持続的な発展を遂げるためのバックボーンであり、生命線です。

これまで本書で述べてきたリスク管理・危機管理について皆様の理解をよりいっそう深いものにしていただくため、全体を要点整理してみましょう。

企業にとって、次に掲げる「ヒト」「モノ」「カネ」「情報」は重要な経営資源です。

○役職員や株主、顧客、取引先などのステークホルダーという人的資産（ヒト）

○営業・生産拠点をはじめ各種事業所や施設、装備品、在庫、保有不動産などの物的資産（モノ）

○企業が保有・支配する株式、債券、キャッシュストック、ゴールド・プラチナ・シル

バーなどをはじめとする金融資産（カネ）

○企業活動の円滑化・効率化・収益性向上などのために蓄積・構築されたノウハウ、データ、技術、営業力、ＩＴシステムなど（情報）

これら経営資源に対する損害・損失は、企業のブランド価値の低下や事業活動の低迷を招き、ひいては事業存続の危機をもたらすおそれさえあります。ここにリスク管理・危機管理に取り組む必要性と重要性があります。

私たちは、どの企業にでも身近に起こり得るリスク・危機と隣り合わせの環境の中で事業活動を推進していかなければなりません。リスク・危機は、社会事象上、主として重大事件、重大事故、自然災害、広域感染症、サイバー攻撃、国家緊急事態および海外の暴力的政治対立の『7つのリスク・危機』となります（ここでは、金融リスク、為替リスクなどの経済的観点を除きます）。

リスク管理・危機管理に失敗すればどうなるのでしょうか。個人がルール違反に対して制裁を科せられるように、企業も社会的存在として、ルールに違反すれば制裁が待ち構えています。言い換えれば、経営陣や関係者は、その責任を追及されるおそれがあるということです。それは、すでに述べたように、刑事的制裁（刑事責任）、行政的制裁（行政処分）、民事的制裁（民事責任）、社会的制裁（社会的評価）および自律的制裁（社内措置）の『5つの制裁』です。トップリーダーは、たとえば従業員に対する安全配慮義務が不十分であった場合などには、7つのリスク・危機への対処の仕方によっては、その責任が問われるおそれが出てきます。5つの制裁のすべてが課せられるとは限りません。リスク・危機は、一つひとつ異なった〝性質〟を持っているからです。

リスク管理・危機管理に失敗しないために構築されるべき対処策は、既述した5つの制裁の観点から、おのずと導き出されます。すなわち、刑事的制裁には捜査機関などへの対処、行政的制裁には監督官庁などへの対処、民事的制裁には被害者・株主などへの対処、社会的制裁には報道機関・業界団体・取引先などや一般顧客・消費者への対処、自律的制裁には懲戒処分を含む企業内対処などを適切に行うということに帰結します。すなわち『5つの対処策』です。

取引先などのステークホルダーが企業に期待することは、リスク・危機に遭遇したとしても、企業の重要業務が中断しないこと、また万一中断しても速やかに事業を再開できることです。つまり、重要業務が中断した結果、企業自体がこうむる業績悪化、顧客の他社への流出、マーケットシェアの低下、企業ブランド価値の低下のみならず、取引先などの連鎖的な供給中断・供給不足といった経済的影響など間接的被害を招きます。このようなことのないように、あらかじめ対応策を定め経営戦略を構築することが求められているのです。〝安全・安心〟の提供が企業の社会的責任となる時代の到来です。

こうした『7つのリスク・危機』を前にして、『5つの制裁』を受けないように企業を守るためには、米国で広く知られている〝循環型危機管理手法〟の活用を推奨します。そこには、第1段階から第3段階までのリスク・危機対処のための『3つの時間軸』があります。

その第1段階として、リスク・危機は発生させないこと、あるいは避けられないリスク・危機には損害・損失の最小化が最善の策です。トップリーダーは「憂いなければ備えなし」の精神を真摯に受けとめ、まずは「事前対策」に最も重きを置かなければなりません。そのためには明確な企業理念や社員行動憲章を掲げ、コンプライアンスを企業内に浸透させ、強靭な経営体質を作り上げ、危機管理経営を強力に推進し、役職員の遵法精神などを高めるため、継続的施策を愚直に繰り返すことが大切です。そのためにトップリーダーは、オーケストラの指揮者のように企業の全体を見渡し、組織が一体となって活動するよう体制を整えて機能させていかなければなりません。

しかし、いかに「事前対策」を徹底しても、リスク・危機は、不幸にして発生することがあります。その際の「応急対策」が第2段階の措置です。「応急対策」の適否は事前段階において構築・訓練された対策に左右されます。ここでも「事前対策」の重要性がわかります。

また、リスク・危機対処が収束、一段落したのちに、ただちに「事後対策」（再発防止策や損害・損失最小化対策）を立案・実行することも忘れてはなりません。これが、リスク・危機対処の第3段階です。この「事後対策」を徹底することが、新たな次のリスク・危機の発生予防あるいはその最小化のための「事前対策」につながるのです。〝循環型危機管理手法〟と呼ばれるゆえんです。

企業は、経営資源や経営コストを総合的に見直し、リスク管理・危機管理の観点を視野に入れた新たな効率的配分を図ることが求められています。経営戦略の実効的構築により、企業の信頼性が高まり、企業体質が強化され、そのブランド価値がさらに向上するのです。

そのためには、『7つのリスク・危機』に対して、『5つの制裁・対処策』の観点から、『3つの時間軸』を念頭に置いた対策を実行する総合経営戦略、すなわち、『7（分類）・5（対処）・3（段階）総合戦略』の実行が企業の持続的発展のための生命線であることを最後に強調しておきます。

あとがき

本書の執筆は、師走のあわただしい時期が近づく２０１６年11月に開始し、２０１７年1月に完成にこぎつけました。

これに先立つ２０１３年11月22日、拙著『**最強の危機管理～ＮＳＣから学ぶ、時代を生き抜くトップリーダーの決断**』の出版記念パーティーが多くの関係者のご臨席のもと行われました。『最強の危機管理』は、私が代表取締役（当時）をしていた株式会社国際危機管理機構の創立10周年記念にあたって、出版したもので、おかげさまで未だに好評発売中です。

その後、コンプライアンスや自然災害、広域感染症、サイバー攻撃、国際テロなどに関する講演・セミナー、寄稿・連載、インタビュー・対談記事、企業のリスク・危機管理委員会活動などの機会に作成された過去10年以上にわたる膨大な資料・データをベースに、２０１４年4月に『**ビジネスリーダーのためのコンプライアンス教本～成功する企業人の必読書**』を出版しました。おかげさまで、3万部が売りつくされ、今回、新たに増刷する必要が出てきました。

しかし、コンプライアンスに関する制度設計の変化など新たな時代の変化が出現していることに加え、そもそも企業が求めているのは、コンプライアンスの課題のみならず、広くリスク管理・危機管理の観点からコンプライアンスでは解決のつかない自然災害、広域感染症、サイバー攻撃、国際テロなどへの対処を含めた総合的なリスク管理・危機管理の手法やノウハウではないかと思い、今回の出版に至りました。なお、震災対策については、すでに2011年6月には、「3・11東日本大震災」の発生を受けて『**会社のための災害対策マニュアル作成術**』を出版してはいますが、今回は、これをも踏まえ、総合的な論述としています。

また、本書カバー・オビのQRコードから国際危機管理機構のホームページにアクセスすると、コンプライアンス等に関連した講演、セミナーのレジメと画像を入手できます。これは、読者の皆様への特別なサポートですので、勉強、研修等にご利用ください。なお、危機管理経営コンサルティングをご希望の企業の皆様も、このホームページを通じてご連絡ください。

短期間の作業でしたが、多忙な仕事の合間を縫って休日をもろともせず、献身的にその役割を果たしてくれた弊社の役職員や友人・知人に助けられ、出版することができました。

この場を借りて、弊社の坂田育子代表取締役社長、倉内博美シニア・エンジニア、調査担当の内田良次主任コンサルタント、そして都市開発安全機構の丸山正明取締役、また大局的観点から本書の図案づくりに力を注いでいただいた友人の島垣雅弘さんには心から厚く御礼申し上げます。加えて、こうした限られた期間の中で、出版元の株式会社方丈社のスタッフの皆様や本書の出版を後押ししてくださった関係各位の皆様方には、大変にお世話になりました。この場をお借りして心から厚く御礼申し上げます。

2017年2月吉日

危機管理経営アナリスト　**金重凱之**

金重凱之（かねしげ よしゆき）

1969年3月、京都大学法学部卒業、1975年6月米ジョンズ・ホプキンス大学高等国際問題研究大学院（SAIS）修了。1969年、警察庁入庁。総務審議官（現総括審議官）、警備局長を歴任。2001年6月退官。この間、1980年から外務省在米日本大使館1等書記官、1990年から防衛庁（現防衛省）防衛局調査第1課長、1993年から内閣総理大臣秘書官を歴任。主として政府の危機管理に係る諸課題に従事。2003年に（株）国際危機管理機構、2006年に（株）都市開発安全機構を設立し、代表取締役社長に就任。これまで上場企業を含む数百社の危機管理経営コンサルティングや多くの講演実績を持つ。2016年、（株）国際危機管理機構取締役会長に就任。また、東京都参与（危機管理担当）や経済産業省、文部科学省、総務省の政府委員会等のメンバーとして活躍。外務省外務研修所講師、一般社団法人ニューメディアリスク協会会長（現任）。2009年、文部科学大臣賞受賞（核物質管理功労者）。2015年、瑞宝中綬章受賞。著書に『ビジネスリーダーのためのコンプライアンス教本』『最強の危機管理』『会社のための災害対策マニュアル作成術』、共訳書に『誘拐・ハイジャック・企業恐喝』『新・ニッポンの警察』『経済的自由と倫理』、その他雑誌記事など多数。

その時役立つ！
危機管理とコンプライアンスのための
実践ハンドブック

2017年2月28日　第1版第1刷発行

著者　金重凱之
発行人　宮下研一
発行所　株式会社方丈社
〒101-0051
東京都千代田区神田神保町1-32　星野ビル2F
Tel.03-3518-2272 / Fax.03-3518-2273
http://www.hojosha.co.jp/
装幀・本文デザイン　クリエイティブ・コンセプト
印刷所　中央精版印刷株式会社

ISBN978-4-908925-09-2